EL CAMINO
DE LA
ILUMINACIÓN

Su Santidad el
Dalai Lama

EL CAMINO
DE LA
ILUMINACIÓN

Traducción al español de Vicente Echerri

ATRIA ESPAÑOL

Nueva York   Londres   Toronto   Sídney

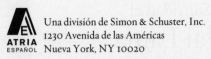 Una división de Simon & Schuster, Inc.
1230 Avenida de las Américas
ATRIA
ESPAÑOL Nueva York, NY 10020

Copyright © 2009 por His Holiness the Dalai Lama
Traducción al inglés por Jeffrey Hopkins
Traducción al español por Vicente Echerri
Copyright de la traducción © 2009 por Simon & Schuster, Inc.

Primera edición en rustica de Atria Español, febrero 2010

ATRIA ESPAÑOL y su colofón son sellos editoriales de Simon & Schuster, Inc.

Para obtener información respecto a descuentos especiales en ventas
al por mayor, diríjase a Simon & Schuster Special Sales al 1-866-506-1949
o a la siguiente dirección electrónica: business@simonandschuster.com.

La Oficina de Oradores (Speakers Bureau) de Simon & Schuster puede presentar
autores en cualquiera de sus eventos en vivo. Para más información o para hacer
una reservación para un evento, llame al Speakers Bureau de Simon & Schuster,
1-866-248-3049 o visite nuestra página web en www.simonspeakers.com.

Impreso en los Estados Unidos de América

10 9 8 7 6 5 4 3 2 1

Library of Congress Cataloging-in-Publication Data

Bstan-'dzin-rgya-mtsho, Dalai Lama XIV, 1935–
   El camino de la iluminación / su santidad el Dalai Lama ; traducción al inglés y
edición del Jeffrey Hopkins; traducción al éspañol de Vicente Echerri.
    p. cm.
   Includes bibliographical references.
   ISBN 978-1-4391-3873-1 (pbk.) — ISBN 978-1-4391-7128-8 (ebook)
   1. Enlightenment (Buddhism) 2. Spiritual life—Buddhism. 3. Buddhism—Prayers
and devotions. I. Hopkins, Jeffrey. II. Echerri, Vicente, 1948– III. Title.
BQ7935.B774C36 2009
294.3'444 — dc22   2009026244

Índice

Prefacio

El Tíbet es famoso en todo el mundo por decantar la esencia de la práctica budista en etapas de fácil comprensión. En este libro, Su Santidad el Dalai Lama traza un camino accesible y sencillo para toda la serie de prácticas que conducen a la iluminación. Luego de explorar la esencia de la enseñanza del Buda sobre la interdependencia, Su Santidad demuestra cómo esta comprensión fundamental conduce tanto a una diagnosis de la condición humana como a escapar del ciclo del sufrimiento en el cual nos movemos de una vida a la siguiente, llevando el sufrimiento con nosotros. El Dalai Lama enfatiza que el carácter distintivo de las diferentes prácticas budistas se centran en torno a la inidentidad (la renuncia del ego) y al cultivo de una actitud altruista que promueva la bondad y la tolerancia.

Las etapas de preparación espiritual, que se formulan según la creciente capacidad espiritual de una persona, comienzan con el reconocimiento del valor de nuestra situación presente como seres humanos y la reflexión sobre las dotes que nos permiten esa maravillosa oportunidad para el desarrollo espiritual. Dentro del marco de esa apreciación, Su Santidad explica la frágil naturaleza de la vida y la naturaleza de las acciones (karma) y sus efectos, así como la manera de contrarrestar los resultados de los actos nocivos que hayamos cometido.

El cambio a una perspectiva de mayor alcance —el pasar de concentrarse en los placeres del momento para preocuparse por el futuro— constituye la primera fase de la transformación de tu trayectoria espiritual. Se forja un nuevo punto de vista al reconocer que debe alcanzarse la felicidad más allá del momento inmediato y apartándose de la plena participación en lo temporal y lo superficial para orientarse hacia el ejercicio de la virtud, que aporta beneficios tanto a corto como a largo plazo. En lugar de buscar el placer mediante actividades orientadas a la acumulación de riqueza, poder y amigos, contemplas la práctica de virtudes tales como la compasión como la mejor manera de garantizar un futuro saludable a largo plazo. El puntal de esta fase es dejar de ver tu situación actual como permanente a fin de extender el horizonte para asomarte a lo que se extiende más allá. Esto nos lleva lógicamente a abordar los temas de la muerte y el renacer, que contribuyen a brindarnos una perspectiva más amplia.

Las prácticas de adiestramiento de nivel intermedio profundizan esta perspectiva al explorar lo que significa querer liberarse del ciclo aparentemente interminable de la muerte y la reencarnación. El objetivo de esta fase consiste en sobreponerte a un sentido exagerado de tu propia situación, de la situación de los demás y de la situación de los objetos de lujuria y de odio. La ignorancia de la verdadera naturaleza de las cosas se contempla como la causa raigal de todas nuestras emociones contraproducentes. El Dalai Lama explica cómo surgen estas emociones dañinas y en qué orden y plantea los problemas que crean a través de las impresiones que dejan en la mente al configurar nuestra experiencia futura, lo cual da lugar a verse atrapado en un torbellino de efectos con frecuencia insanos.

El cobrar conciencia de la precariedad de tu situación fortalece tu resolución de librarte, mediante la práctica espiritual del círculo interminable de nacimiento, envejecimiento, enfermedad y muerte. Este cambio de perspectiva surge de la comprensión de la naturaleza de las apariencias, no rechazando la felicidad, sino reconociendo la existencia de una felicidad más profunda y de los medios para alcanzarla. Esta perspectiva más amplia nos impele a meditar en la interdependencia y en la renuncia del egocentrismo a fin de socavar la ignorancia en que se sustentan las emociones destructivas.

En la última sección, Su Santidad pinta un cuadro conmovedor del altruismo que lleva al que lo practica al más alto nivel de empeño espiritual. Se asciende hasta esa capacidad espiritual mas elevada al comprender no sólo tus propias dificultades sino también las de los demás, y darte cuenta de que ellos se encuentra en una situación parecida a la tuya. Aquí el énfasis consiste en desarrollar una compasión totalmente desprejuiciada mediante una serie gradual de ejercicios de causa y efecto. El interés y la compasión ordinarios no son reemplazados por otras actitudes mundanas, sino que se extienden mucho más allá de su esfera ordinaria y en consecuencia se transforman. El Dalai Lama se concentra en la manera de producir, mantener e incrementar esta actitud iluminada, al tiempo que evitamos aquellas cosas que pudieran socavarla. Al igual que en los pasos anteriores, no se abandona la búsqueda de la felicidad, sino que se reorienta hacia una meta más elevada; el cambio aquí consiste en una expansión de perspectiva, de modo que los sufrimientos de los otros se conviertan en nuestra primera preocupación.

El proceso de autoeducación y superación personal que se presenta en este libro consiste, en primer lugar, en apartarse del camino de la mera búsqueda de placeres superficiales en el momento actual, luego de librarse de caer en la trampa de las emociones aflictivas y, finalmente, liberarse del egocentrismo. A través del altruismo que invita al desarrollo de la sabiduría, Su Santidad traza el mapa de esta práctica y, luego, en el penúltimo capítulo, nos adentra en la verdadera naturaleza de la realidad. Los pasos meditativos que se presentan en esta sección conducen gradualmente a la directa comprensión del verdadero estado de las personas y las cosas, de manera que nuestras actitudes contraproducentes puedan cambiarse y ser reemplazadas por emociones positivas. Al final, Su Santidad describe la iluminación en términos del estado del cuerpo, el habla y la mente que se alcanza al combinar la sabiduría con el extraordinario poder del altruismo.

A través de las páginas siguientes, el Dalai Lama explica en minuciosos detalles cómo se genera cada práctica, paso por paso. Su único enfoque es el de entrelazar dos prácticas fundamentales, la compasión y la sabiduría de la inidentidad, en el tiempo que duran los ejercicios. Puesto que estas prácticas se consideran las dos alas de un pájaro que vuela hacia la iluminación, él nos muestra su impacto e importancia desde el comienzo. Es por esto, como bien él lo explica, que las prácticas más elementales y las más avanzadas se influyen y se profundizan unas a otras. Por consiguiente, estas etapas de prácticas espirituales no son categorías rígidas que exigen la plena comprensión de cada paso antes de dar el siguiente; sino que demandan más bien la familiaridad con toda la gama de ejercicios y la práctica reiterada de los mismos a fin de que tenga lugar un mayor enriquecimiento.

La fascinación del Dalai Lama con la ciencia y su relación de tres décadas con científicos de nivel internacional le han llevado a replantear las actitudes budistas básicas desde el punto de vista de enfoques y actitudes ordinarios, haciendo este libro en extremo accesible. De este modo, todos salimos beneficiados de su cabal educación clásica tibetana, un prodigio de la cultura espiritual que el mundo necesita con tanta urgencia.

Dr. Jeffrey Hopkins
Profesor emérito de Estudios Tibetanos
Universidad de Virginia

EL CAMINO
DE LA
ILUMINACIÓN

I

Un libro acerca de la iluminación

Hemos llegado al siglo XXI, una época de considerable progreso material basado en gran medida en adelantos tecnológicos estimulados por una oleada de descubrimientos científicos. Sin embargo, el siglo XX estuvo plagado por una gigantesca cantidad de violencia, más que nunca antes, y a principios del siglo XXI la violencia criminal parece estar adquiriendo nuevas formas, con una potencia que crece sin cesar. Este caos no se produce debido a un insuficiente conocimiento técnico, ni por falta de materiales, sino por una mente desordenada.

Si bien muchos en este mundo disfrutan de una creciente prosperidad, muchos también permanecen en extrema pobreza. En la mayoría de los países existe una gran disparidad entre las clases sociales. Al carecer de riqueza, los pobres son terriblemente vulnerables. Piensa también en cuántos animales se crían para el matadero, en número tan grande que está perjudicando al medio ambiente.

Estos hechos lamentables se deben a la falta de un cuidado amoroso. Si aumentara la generosidad de la humanidad por las otras personas, no sólo la población del mundo sería más feliz, sino que los incontables animales cuya existencia afectamos directamente tendrían también una vida mejor. Para aumentar nuestro altruismo debemos motivarnos a nosotros mismos a tomar en consideración los efectos de nuestras acciones tanto en el presente como en el futuro.

Si el sufrimiento gratuito pudiera eliminarse y la felicidad se lograra sólo mediante el desarrollo material y la riqueza, entonces los ricos deberían estar exentos de sufrimiento, pero obviamente ése no es el caso. De hecho, una vez que la gente obtiene una buena tajada de dinero, comodidades y poder, tiende a volverse soberbia, especialmente envidiosa y particularmente codiciosa, más concentrada en hacer el mal e increíblemente aprensiva. Aquellos que viven de manera moderada no son en modo alguno inmunes a los tres venenos de la lujuria, el odio y la ignorancia, pero en su mayoría se ven considerablemente menos afectados por problemas adicionales.

¿Qué nos hace infelices? Nuestras mentes han caído en tal grado bajo la influencia de emociones autodestructivas que estas actitudes, lejos de ser vistas como perjudiciales, se acogen y se promueven. Eso es lo que nos lleva a incomodarnos.

Si la gente pudiera disfrutar de prosperidad externa y de cualidades internas de bondad, riqueza externa e interna, eso ciertamente daría lugar a una cómoda existencia humana. La felicidad, ciertamente, no proviene sólo de circunstancias externas; se deriva principalmente de actitudes internas. En la actualidad aquellos países que han alcanzado un gran progreso material están empezando a identificar que la salud física, así como las condiciones de la sociedad, están íntimamente relacionadas con nuestros procesos mentales.

La investigación analítica de los modos en que pensamos y sentimos es muy importante. A lo largo de los últimos tres mil años, en la India ha tenido lugar el análisis más profundo de los procesos mentales internos, siendo, pues, ese discernimiento al que recurro en este libro para presentar toda la gama de prácticas que conducen a la iluminación de la budeidad de un modo fácilmente accesible.

LA IDENTIFICACIÓN DEL BUDISMO

Hace unos 2550 años, Buda estableció una nueva religión en la India. Antes de ese tiempo algunos aspectos de sus ideas ya habían aparecido en ese país, pero nadie había delineado esas ideas y técnicas de manera tan concluyente como él lo haría. ¿Cuál es su esencia? La inidentidad o negación del egocentrismo. Mucho antes que él, muchos habían intentado analizar el estado de la identidad personal, sosteniendo que existe independientemente de la mente y el cuerpo. Buda llegó a la conclusión de que cuando creemos que la identidad existe independientemente, nuestro sentido innato de egocentrismo aumenta y se solidifica.

Como resultado, la lujuria, la ira, la envidia y la duda que provienen del ser egocéntrico se fortalecen y se arraigan.

Viendo que esos estados mentales defectuosos tales como la lujuria y el odio se arraigan en el egoísmo, Buda enseñó algo que no había sido explicado antes, la perspectiva de la inidentidad. Esto fue excepcional y, ciertamente durante los 2500 años que han transcurrido desde entonces, nadie fuera de esta tradición ha enseñado este punto de vista.

Tal como el erudito tibetano Jamyang Shepa escribiera hacia fines del siglo XVII, «los puntos de vista budistas y no budistas se derivan de probar o refutar lo que se concibe como la opinión sobre la identidad». Al establecer el punto de vista del altruismo, el Buda enseñó que no existe un yo permanente e inmutable separado de la mente y el cuerpo. Las escuelas no budistas no sólo aceptan esa existencia, sino que se empeñan en demostrarla a través de varios enfoques, en tanto los sistemas budistas procuran refutarla.

No es que la identidad sea totalmente inexistente; es obvio que existe una entidad personal que desea la felicidad y que no quiere sufrir; pero el Buda enseñó que la identidad se crea en dependencia de la mente y el cuerpo. De este modo, Buda estableció el concepto conocido como originación dependiente que enfatiza la interrelación de todas las cosas. Pese a las apariencias de lo contrario, nada existe con carácter autónomo o en verdadero aislamiento. Todas las cosas tienen interconexiones.

Este punto de vista de la originación dependiente es una enseñanza fundamental de Buda.

Originación dependiente significa que todos los fenómenos —ya sean físicos, mentales o de cualquier otra naturaleza— se producen a partir de ciertas causas y condiciones. La felicidad que busca una persona y el sufrimiento del cual quiere librarse no surgen independientemente, sino que se producen debido a causas específicas. Según el budismo, no surgen debido a causas permanentes, tales como un Creador autogénico permanente, ni a una Naturaleza permanente, como se pensaba popularmente en la India. Buda enseñó que los fenómenos se producen *tan sólo* en dependencia de sus respectivas causas y condiciones. Todo fluye constantemente.

Con frecuencia me preguntan cuál es el punto de vista budista y respondo diciendo que es de originación dependiente, y su conducta prescrita es la no violencia. La no violencia significa estar motivado por la compasión, que exige ayudar a los demás y, si eso no es posible, entonces al menos no hacerles daño. La originación dependiente y la compasión son la esencia de la religión budista y las claves para alcanzar su estado más elevado de conciencia: la iluminación.

2

Religiones comparadas

Cuando comparamos a los muchos maestros religiosos que han surgido en este mundo, debemos hacerlo a partir de lo que ellos han enseñado, analizando esas zonas en que fueron particularmente dotados; no basta meramente citar las alabanzas de sus seguidores porque éstas están presentes en todas las religiones. El proceso de comparación exige diferenciaciones y, al hacer éstas, vemos que la doctrina de Buda es única en ver nuestra concepción de la identidad personal como imperfecta y enfatizar que el antídoto es el altruismo. Además, el budismo requiere procurar el bienestar de todos los seres sensibles mediante la transformación de nuestras actitudes usuales hacia la identidad personal y los demás: debemos abstenernos de practicar el amor propio y ocuparnos de amar a otros. En esto Buda Sakiamuni muestra excepcional sabiduría y compasión.

El énfasis de Buda en generar una intención altruista para llegar a la iluminación al amar a otros más que a uno mismo y su énfasis en la renuncia del egoísmo como un antídoto para nuestras opiniones erróneas de la identidad personal hacen al budismo singularmente profundo. Pero ¿sería mejor el mundo si todos se hicieran budistas? Cuando el propio Buda Sakiamuni enseñaba, ni siquiera toda la India se hizo budista. Si no hubiera sido necesario tomar en cuenta las disposiciones e intereses de sus discípulos, él podría haberles enseñado el sistema más profundo a todos ellos, pero ése no es el caso; es necesario que la doctrina resulte significativa y útil para cada discípulo. Puesto que las disposiciones e intereses de los seres sensibles son diversas, fue necesario que Buda enseñara una amplia variedad de doctrinas.

Si la doctrina más profunda —que las personas y los fenómenos no se establecen independientemente por medio de su propio carácter— no tiene sentido para un discípulo, debe enseñarse un sistema parcial de inidentidad, de manera que Buda enseñó a tales discípulos que las personas no existen substancialmente, pero que el complejo mente-cuerpo sí existe, eximiéndolo por tanto de la esfera de la inidentidad. Para aquellos discípulos que en ese momento no podían captar ningún nivel de la doctrina de la inidentidad, Buda enseñó una doctrina modificada del ego, como cuando dijo: «el complejo mente-cuerpo es la carga; el portador de la carga es la persona».

De esta manera, Buda adaptaba sus enseñanzas a las capacidades de sus discípulos. Si una enseñanza no es adecuada para un discípulo específico, entonces, aun si la doctrina es correcta, no hay manera de que pueda promover el bienestar del discípulo. En consecuencia, para los estudiantes a quienes la doctrina de la inidentidad no es adecuada, resulta mejor otra que se ajuste a su disposición e interés. Partiendo de esta perspectiva, podemos ver claramente que los muchos sistemas religiosos que han surgido en este mudo resultan beneficiosos a gran cantidad de individuos.

Puede ser posible descubrir qué religión es la más profunda, pero si preguntamos cuál sistema religioso es el mejor, resulta difícil responder. El valor de una religión es relativo a cada individuo. El punto de vista filosófico de una religión puede ser el más profundo y abarcador, pero aun así puede resultar inadecuado para un individuo en particular. Como mencioné antes, aun para sus seguidores Buda no siempre enseñó la perspectiva más profunda. Más que intentar imponer el punto de vista más profundo en todos, él enseñó conforme a los intereses y disposiciones individuales.

Por tanto, aunque el punto de vista de que todos los fenómenos carecen de existencia independiente puede ser el más profundo, es difícil decir que sea el mejor. La doctrina debe ser pertinente para el estudiante. Por ejemplo, si preguntamos cuál es el medicamento más costoso, ciertamente que hay medicinas que son muy caras y otras que son baratas. Pero si preguntamos qué medicina es la mejor, ello depende enteramente del paciente. Si todos los enfermos tomaran la medicina más cara, creyendo que debe ser la mejor, ésta perjudicaría a algunos de ellos y no ayudaría a otros, mientras la menos costosa podría proporcionar los mayores beneficios a los que necesitan de ese tratamiento específico. De la misma manera, el valor de un sistema religioso depende de su pertinencia para cada individuo; cualquiera que beneficie más a esa persona es [para él o ella] el mejor.

La cuestión del valor depende del marco de referencia, que para los sistemas religiosos es fundamentalmente si ayuda o perjudica al individuo. Desde este punto de vista, no puede decirse que el budismo es la mejor religión en general, aunque es la mejor para personas con un punto de vista y una disposición específicos. La gente necesita un sistema que les venga bien. Es por esto que es muy importante valorar todos los sistemas religiosos. Aunque difieran mucho filosóficamente, todos tienen preceptos para cultivar una buena actitud hacia las demás personas y para ayudarlas, lo cual significa que exigen la práctica del amor, la compasión, la paciencia, la satisfacción y el aprecio por las normas de la sociedad. Puesto que todas las religiones comparten estos objetivos, es importante respetarlas y valorar sus contribuciones.

Cuando consideramos sin prejuicios a las religiones que tienen un fundamento filosófico, vemos claramente que cada una ha sido beneficiosa para muchas personas en el pasado, continúa siéndolo en el presente y lo será en el futuro. Aunque se han producido muchos conflictos en nombre de las religiones de este mundo, creo que han hecho más bien que mal. Siempre que exijan que sus seguidores observen un mejor comportamiento, debemos respetarlas, no importa si sus puntos de vista filosóficos sean válidos o no.

LA NECESIDAD DE RAZONAR

Según un viejo dicho tibetano, debemos apreciar al maestro religioso, pero investigar la doctrina. Aun dentro de la enseñanza de Buda Sakiamuni debemos distinguir entre lo que exige interpretación y lo que es definitivo, una distinción que hacemos con el razonamiento. Si la razón contradice una enseñanza de Buda, no debe tomarse literalmente, aunque en verdad sea su palabra. Del mismo modo, cuando miramos a los grandes seres que fueron seguidores de Buda, ha de decirse que ciertas enseñanzas —tales como las de Ansaga, el sabio indio del siglo IV, que negaba la existencia de un mundo externo que afecte nuestros sentidos— no reflejan la realidad. Aunque tales enseñanzas se encuentran en ciertas escrituras de Buda, no representan necesariamente su pensamiento. Esta distinción entre el pensamiento que expresa la escritura y el pensamiento del expositor puede determinarse con ayuda de la razón. El que tengamos fe en Asanga no exige que aceptemos literalmente su punto de vista de una mente única con un propósito particular en ella.

Del mismo modo, es razonable para los budistas respetar a los maestros de otras religiones. Desde un punto de vista, ellos podrían ser emanaciones de un Buda y, desde otro punto de vista, aun si no lo son, sus filosofías son útiles para ciertas personas y hasta pueden serte útiles en una cierta coyuntura de tu vida.

Sin embargo, entre los seguidores de algunas religiones hay personas conflictivas, budistas inclusive. Aunque podrían pretender ser religiosos, toman las doctrinas que están concebidas para vencer la lujuria, el odio y la ofuscación y las mezclan con sus propias emociones aflictivas, abusando de esa manera de la religión. Al hacer distinciones absolutas entre *nosotros y ellos*, provocan grandes problemas. Me parece a mí que cuando los seguidores de una religión hacen esto, no es razonable decir que es culpa de la religión.

FE Y RESPETO

Puesto que la fe y el respeto son diferentes, el respeto por otras religiones no significa que debamos tener fe en sus doctrinas. Por ejemplo, he conocido a algunos cristianos que se interesan en ciertas prácticas budistas, las estudian e incluso las cultivan. Se interesan particularmente en los métodos budistas para lograr una concentración meditativa invariable, así como en el modo de acrecentar el amor, la compasión y la paciencia. Puesto que estas prácticas son comunes al cristianismo y al budismo, expreso mi admiración por lo que ellos hacen. Sin embargo, para algunos cristianos que se han interesado en la opinión de la vacuidad, les respondo amablemente que ésta es una doctrina particularmente budista y que tiene poca conexión con la doctrina cristiana. ¿Por qué? Porque ensayar la vacuidad exige adentrarse en la originación dependiente y, si se entienden sus implicaciones, resulta difícil aceptar a un Dios único, permanente e inmutable como el creador del mundo. Si uno intentara creer simultáneamente en el cristianismo y en el budismo, estaría afirmando la existencia de un Dios creador y, al mismo tiempo, la no existencia de un Dios creador. Eso es imposible. Por consiguiente, si bien el *respeto* es posible y beneficioso, la *fe* es otra cosa.

Entre las muchas religiones que afirman la existencia de un Dios creador hay algunos seguidores que dicen que el budismo no es una religión porque no acepta que un Dios haya creado al mundo. Algunos de mis amigos islámicos, por ejemplo, me han dicho que muchos de los consejos que encuentran en el budismo son muy beneficiosos para las personas, incluidos los musulmanes, pero que muchos musulmanes no consideran que el budismo es una religión. De la misma manera, algunos cristianos estrictos dicen que debido a que los budistas no aceptan la existencia de un ser autogénico permanente no son más que nihilistas.

Una vez cuando visité el Canadá, varios manifestantes cristianos portaban pancartas que decían que no tenían nada personal contra mí, pero que filosóficamente yo era un hereje. En Suecia, al salir de mi auto un día me encontré a un hombre con un cartel. Junté las palmas en un gesto de saludo y él hizo lo mismo. Un periodista tomó una foto, que apareció en el periódico al día siguiente, celebrando que tanto el manifestante que protestaba como el individuo objeto de la protesta intercambiaran muestras de respeto mutuo. Así es como en verdad debería ser, ¡aunque tengo que reconocer que yo no había notado que él estaba protestando contra mis puntos de vista!

Ciertamente, desde el punto de vista de las religiones que afirman la existencia de un Dios creador, el budismo tiene una filosofía de la desestimación, vista en su negación de un Dios creador, así como una filosofía de la exageración, vista en su afirmación de vidas anteriores y futuras. A la inversa, desde un punto de vista budista, las religiones que afirman la existencia de un Dios creador, tienen una filosofía de la exageración, así como una filosofía de la desestimación debido a su negación de la causa y el efecto del karma en el transcurso de incontables vidas.

No obstante, los budistas deben reconocer que para algunas personas la afirmación de un Dios que creó todas las cosas inspira un profundo sentimiento de intimidad con la deidad y les lleva a aceptar que deben comportarse conforme a la perspectiva de Dios. ¿Cuál es la perspectiva de Dios? Amar a todos, ayudar a los demás, ser altruistas. Por ejemplo, el islam pone un tremendo énfasis en ayudar a los demás, especialmente a los pobres. Los noventa y nueve nombres de Alá, tales como el Misericordioso, la Paz y la Bendición, y el Amoroso y el Magnánimo giran en torno al amor y la simpatía. Ninguna religión describe a un ser supremo que siempre está enojado y siempre es feroz. Ninguna religión exige que sus seguidores sean beligerantes y que agredan a otras personas.

Mi argumento es que para algunos tipos de personalidad el mensaje de que deberían ser amables porque hay un Dios creador amoroso es más efectivo que el mensaje budista de relatividad o relacionalidad, lo que llamamos originación dependiente. Por tanto, es fundamental identificar qué religión es más beneficiosa para una persona en particular, dada la gran variedad de personas en lo que respecta a su disposición religiosa.

3

La estructura budista

Este libro se titula *El camino de la iluminación* porque enseña las etapas a recorrer para llegar a la plena realización de nuestras posibilidades. La «Iluminación» es a lo que se llega, lo que se logra, lo que se alcanza. A las técnicas para avanzar hacia la iluminación se les llama el camino, que se expone por etapas para esclarecer el orden de sus prácticas, que van desde lo que debe hacer un principiante hasta el logro de la suprema perfección.

Muchos textos budistas se organizan en torno a tres temas centrales, siendo éstos el estado de los fenómenos, la práctica del progreso espiritual y los efectos de esas prácticas. A estos tres temas les llamamos el fundamento, el camino y el fruto. La noción es que si aplicas ciertos principios como el fundamento de tu práctica, hay ventajas que se acumulan. Y si implementas esos principios, los frutos de tu práctica te ayudarán a cumplir tus propósitos.

¿Cuáles son los caminos, las prácticas, para hacer realidad la gran iluminación? La moralidad, la meditación concentrada y la sabiduría, realzadas por la compasión. Todos los sistemas budistas tienen la compasión como base. En la moralidad de abandonar las diez no virtudes —las tres no virtudes físicas (matar, robar y conducta sexual indebida), las cuatro no virtudes verbales (mentir, intrigar, insultar y hablar sin sentido), y las tres no virtudes mentales (codiciar, tener intenciones lesivas y opiniones erróneas)— la prohibición de matar incluye no sólo a los humanos, sino a todos los seres vivientes; no es permisible agredir a ningún ser viviente. Esto se debe al hecho de que el fundamento mismo del budismo es la compasión.

Entre las muchas formas de budismo, hay un grupo de sistemas en los cuales la compasión va más allá de la empatía y se extiende al compromiso de aliviar los sufrimientos de todos los seres vivientes a través del espacio. Esta elevada resolución, que se cultiva deliberadamente hasta el punto de buscar la iluminación mediante la búsqueda del bienestar de los demás, se llama la «intención altruista para llegar a ser iluminado». Cuando la moralidad, la meditación concentrada y la sabiduría se practican dentro de esta actitud, puedes llegar a alcanzar la iluminación de un Buda. Éste es el camino a la iluminación.

EL CAMINO

Las prácticas medulares del budismo son la *visión profunda* de un originación dependiente y el vacío de los *infinitos actos* de compasión. A la práctica del discernimiento se le denomina «profunda» porque no tiene lugar en el nivel superficial de las apariencias, sino que se basa en la manera en que son realmente las cosas, en su modo de ser. Cuando uno no está satisfecho con la superficie y busca la naturaleza íntima de las cosas a través de la investigación y el análisis, descubre su verdadera naturaleza, que carece de existencia independiente o intrínseca.

El término «visión» puede, según el contexto, referirse a la conciencia del que ve, o al acto de ver, o al objeto que es visto. La «visión profunda» del budismo con frecuencia se refiere a esta última acepción: la sutil condición de los fenómenos que se ven, o que se captan, con sabiduría. Es por esto que la primera serie de prácticas fundamentales, la visión profunda de la originación dependiente y de la vacuidad, ha llegado a llamarse las «etapas del camino que se interesan en lo profundo».

La otra serie de prácticas fundamentales, los infinitos actos de la compasión, se llaman «infinitos» porque sus muchas sendas, niveles y cosas por el estilo se practican con todos los instrumentos de que disponemos: cuerpo, habla y mente. Éstas son las «etapas del camino que se interesan en los infinitos actos».

LAS TRANSMISIONES DE ESTAS PRÁCTICAS ESENCIALES

En la India, las etapas del camino que se interesan en lo profundo fueron transmitidas fundamentalmente a través del sabio indio Nagarjuna, que vivió alrededor de los siglos I y II E.C., en tanto las etapas del camino que se ocupan de los infinitos actos de la compasión se transmitieron principalmente a través del sabio indio Asanga, a quien mencionamos antes. Aunque estas dos grandes figuras practicaron el complemento pleno de caminos profundos e infinitos, sus intereses individuales les llevaron a enfatizar aspectos individuales del camino. Nagarjuna enfatizó el delinear el vacío en sus *Seis colecciones de la lógica*, mientras el énfasis de Asanga estaba en los caminos y las etapas de la práctica espiritual, tal como los describió en sus *Cinco tratados sobre los fundamentos*.

La visión profunda de la vacuidad y los infinitos actos de la compasión transmitidos por estas dos grandes figuras, Nagarjuna y Asanga, constituyen los temas principales de este libro. El Tíbet fue afortunado de contar con el ámbito total de los sistemas budistas, que van desde aquellos concebidos para personas que aspiran principalmente a su propia iluminación hasta los métodos de orientación más altruista llamados el Gran Vehículo. Explicaré las etapas del camino a la iluminación teniendo presente todas estas prácticas que culminan en el logro de la omnisciencia altruista.

CLASIFICACIÓN DE LOS
TEXTOS BUDISTAS

Los textos budistas en general se dividen en tres clases: ciencia, filosofía y religión. La ciencia budista se ocupa del estatus básico de los fenómenos, en tanto la filosofía budista detalla las implicaciones de ese estatus. Luego, basadas en la ciencia y la filosofía budistas, vemos las extensas prácticas budistas, que son aspectos de la religión.

Durante más de tres décadas he estado en contacto con científicos internacionales. La relación se debe a la ciencia budista, que se ocupa de la condición esencial de los fenómenos como se expresa en textos tales como el *Tesoro del conocimiento manifiesto* de Vasubandu, donde se abordan ampliamente la cosmología, los elementos básicos, las partículas mínimas y otras cosas por el estilo; también se ocupa de las ricas enseñanzas de la psicología budista, incluida la información neurológica, detallando los conductos nerviosos y la energía que los recorre. Estos tópicos de la ciencia budista son el fundamento para mi interrelación con la ciencia moderna, junto con mi propia creencia de que las ciencias budistas pueden derivar un gran beneficio de la ciencia internacional contemporánea.

Sería tonto que los budistas pretendieran que nos bastan las tradiciones que ya tenemos. La ciencia internacional ha profundizado asombrosamente en estos temas, que se presentan en términos de cálculo y medida, y creo que es muy beneficioso para los budistas estudiarlos. La ciencia internacional tiene también mucho que aprender de la ciencia budista, especialmente de la psicología. Un erudito indio tal como Vasubandu encontraría mucho que aprender de la ciencia internacional contemporánea sobre cosmología y cosas semejantes, pero me parece a mí que Nagarjuna, que estaba más interesado en las operaciones mentales, no tendría que alterar su ciencia ni su filosofía en lo más mínimo.

4

La práctica del budismo

Practicar la religión budista significa fundamentalmente cultivar la mente. En tibetano la palabra para «religión» es *chö,* que significa ajustarse, mejorar, cambiar para mejor. La idea básica es transformar lo que produce dolor, vencer nuestras actitudes rebeldes. En sánscrito el término para «religión» es *darma,* que significa contenerse, es decir, protegerse de sufrimientos indeseados mediante el desarrollo de antídotos para las causas de ese sufrimiento. Por ejemplo, adoptar la virtud de dejar de matar evita la fechoría del asesinato y, por tanto, nos protege de los efectos del asesinato, que se pueden presentar en reencarnaciones infelices, corta vida y cosas semejantes.

Mediante la práctica uno desarrolla antídotos para las actividades desfavorables del cuerpo, el habla o la mente, y al hacerlo se protege de los sufrimientos que producirán. La religión en este contexto está compuesta de (1) los antídotos de las emociones destructivas y (2) la liberación de esas emociones destructivas y de sus efectos. En el budismo, esta es la base de la religión.

¿Cómo podemos transformar las actitudes? No pueden cambiarse por leyes externas, policías y ejércitos. Considere los intentos de imponer el marxismo leninismo al pueblo ruso y chino; ambos fracasaron. Entonces, ¿cómo se logra esa transformación? Mediante un esfuerzo interno, voluntario y entusiasta. La conducta física y verbal puede ser controlada temporalmente por una fuerza externa; por ejemplo, hasta un estudiante locuaz se quedaría callado frente da un maestro irascible. Sin embargo, los cambios duraderos sólo vienen del interior, de tu propio interés, no del control externo.

Para sentirse motivado de este modo, debes ver el valor del cambio y las desventajas de no cambiar. Esto significa que debes saber que si te guías por una mente incontrolada te sentirás incómodo a corto plazo y, a largo plazo, terminarás sufriendo; y que si te guía una mente controlada serás más feliz a corto plazo y profundamente beneficiado a la larga —ayudándote a ti mismo y a los que te rodean. Al ver las desventajas de las actitudes rebeldes, querrás evitarlas, y al ver las ventajas de las actitudes dóciles desearás voluntariamente adoptarlas. Estas decisiones se toman a través de un pensamiento analítico.

LA NECESIDAD DE UNA
ACTITUD DESPREJUICIADA

Para analizar algo con eficacia, uno debe estar desprejuiciado. Si estás prejuiciado, de manera que desde el principio te comprometes con un solo lado de un asunto, entonces cuando analices los resultados saldrán torcidos. Debes empezar con una actitud libre de ver una noción como buena y la otra como mala, y en lugar estar dispuesto a considerar la posibilidad de que cualquier noción pudiera ser buena o mala. Al analizar sin prejuicios serás capaz de ver ventajas y desventajas.

Hacia fines del siglo XIV y principios del siglo XV, el sabio tibetano Songkapa lo definió de este modo: «si eres partidario, estarás obstruido por el prejuicio y no reconocerás las ventajas reales». Es por esto que es fundamental estar desprejuiciado y dispuesto a enfrentar la realidad de una situación, cualquiera que ésta sea. Para lograr esto, necesitas comenzar con la duda; a partir de la duda, cuestionarás; a partir del cuestionamiento, analizarás; a partir del análisis, saldrá claramente la verdad, y todo lo que sea falso se desvanecerá. El dudar induce al cuestionamiento, que induce al análisis, que induce a la certeza. En este proceso, la duda es decisiva.

Aryadeva, un discípulo de Nagarjuna, exige que un profesional tenga tres cualidades: carencia de prejuicios, inteligencia y aspiración. El prejuicio nos impide ver la realidad; la falta de inteligencia impide el análisis; la falta de aspiración impide la implementación. Por consiguiente, una vez que hayas evitado el partidismo, usa tu inteligencia para examinar doctrinas y prácticas, y luego pon en práctica lo que hayas decidido que es beneficioso. Si intentas iniciarte en la práctica budista con una noción preconcebida de que el budismo es realmente extraordinario, te resultará difícil profundizar; debes actuar a partir del conocimiento de los hechos como tú mismo verdaderamente los ves.

PRÁCTICA DIARIA

La práctica espiritual incluye lo que hacemos en las sesiones de meditación y lo que hacemos entre las sesiones; afecta la totalidad de nuestro día de veinticuatro horas. Cuando te levantas por la mañana, si eres budista, deberías pensar:

Vivo como un verdadero seguidor de Buda. ¡Que pueda quitarme los tres venenos de la lujuria, el odio y la ignorancia! Desde luego, surgirán emociones destructivas, pero yo no correré a su encuentro voluntariamente. Hoy haré todo lo que pueda para leer textos, reflexionar en su significado y trabajar en el desarrollo de la sabiduría. También haré todo lo que pueda para generar la intención altruista a fin de alcanzar la iluminación y poner en práctica la compasión en mi conducta. ¡Que todo lo que obstruya la generación de estas prácticas se aplaque!

Este pensamiento fijará una actitud virtuosa para todo el día. ¡Luego puedes empezar tus actividades diarias, incluida la de tener un agradable desayuno! De todo lo que comas o bebas, hazle ofrendas al Buda y a las otras grandes figuras que enseñan el camino de la iluminación.

Puesto que la mente es atraída a la lujuria por los objetos placenteros y al odio por lo desagradable, es importante que controles tus sentidos manteniéndote alejado de los lugares donde se generan esas emociones destructivas; esto significa que escojas un lugar aislado para la práctica. En esos momentos, cuando tus sentidos encuentren objetos agradables y desagradables, practica manteniendo la mente libre de caer en la lujuria y en el odio.

Debes identificar que tanto la lujuria como el odio son emociones autodestructivas mediante el reconocimiento de sus desventajas; decide no consentirlas. Luego, consciente de que esas emociones deben restringirse, usa la introspección para ver si has encontrado objetos y situaciones que podrían generar lujuria u odio. Cuando tales objetos y situaciones se presenten, comprueba si te provocan emociones aflictivas. Debes mantenerte firme en esto, no importa lo que estés haciendo. Como dice el sabio Songkapa, «cuando emprendas cualquier acción —física, verbal o mental— hazla estando consciente de lo que conviene y de lo que no conviene hacer». El cultivar la atención y la introspección durante las actividades diarias preparará a estas facultades para que te sirvan durante la meditación, algo que no puede tener lugar sin ellas.

Al final del día, revisa si tus actividades estuvieron en armonía con tu motivación, regocijándote en aquellas que salieron bien y no contradijeron tus intenciones. Respecto a las que salieron menos bien, considera tus errores sin ocultarlos, revélatelos a ti mismo y robustece la intención de no volver a incurrir en ellos. Habiéndote corregido e instándote a seguir adelante, vete a dormir pensando en actitudes virtuosas tales como la fe, la compasión, la intención altruista de llegar a ser un iluminado y la perspectiva de la vacuidad tanto como puedas; de esta manera hasta el sueño puede convertirse en una dirección virtuosa. El sueño se ve afectado por motivaciones que le anteceden, y que pueden ser virtuosas, no virtuosas o neutrales. De aquí que es importante manifestar una actitud virtuosa antes de dormir.

De este modo, puedes hacer uso de cada día de tu vida, aunque reconociendo que la lujuria y el odio seguirán surgiendo de manera intermitente. Esto evita que llegues a desalentarte.

Cómo estudiar

En general, al comienzo de cualquier estudio útil, si te fijas en los beneficios, incluido sus fines y posibles resultados, se despertará en ti un vivo deseo de llevarlo a cabo. Lo mismo sucede en lo tocante al estudio de doctrinas y prácticas religiosas. Si reconoces sus beneficios, te sentirás entusiasmado por comenzar el estudio y por continuarlo una vez que lo hayas comenzado.

¿Cuáles son los beneficios del budismo? Al estudiar el adiestramiento en la moralidad aprenderás lo que debes adoptar en tu conducta diaria y lo que debes desechar; apartándote, por consiguiente, de las malas acciones. Luego, al estudiar el adiestramiento en la meditación concentrativa aprenderás a evitar el tener la mente demasiado dispersa o demasiado cerrada, para que puedas fijar tu pensamiento y permanecer en un tema sin distraerte. Después, al estudiar el adiestramiento en la sabiduría serás capaz de sumergirte en el significado del altruismo. Al concentrarte en la inidentidad te sobrepondrás a la popular incomprensión de la naturaleza de las personas y las cosas, que es la raíz del ciclo interminable de nacimiento, envejecimiento, enfermedad y muerte (lo que los budistas llaman «existencia cíclica»), y alcanzarás la liberación del sufrimiento.

De este modo, el escuchar las enseñanzas y estudiarlas es:

- como una *lámpara,* que disipa las tinieblas de la ignorancia;
- la forma suprema de la *riqueza,* ya que, a diferencia de las posesiones externas, no atrae a los ladrones, a los atracadores ni a la muerte prematura;
- la mejor de las *armas,* ya que al eliminar las emociones contraproducentes, ese adversario que es la ignorancia termina por ser derrotado;

- el mejor de los *amigos,* ya que al estudiar acerca del altruismo aprendes varias técnicas para ayudar a otros a través de las prácticas de la dádiva, la moralidad y la paciencia, así como la manera de atraer y tratar a los discípulos;
- el mejor de los *compañeros,* ya que, el escuchar y estudiar las enseñanzas genera cualidades internas que se mantienen inmutables aunque tus comodidades externas aumenten o disminuyan;
- una *medicina* inocua, ya que este desarrollo interno nunca se volverá contra ti, a diferencia de la medicina ordinaria, que puede perjudicarte bajo ciertas condiciones, tales como cuando tomas píldoras que no necesitas;
- un *ejército,* que derrota a tus propias emociones aflictivas y a los karmas (acciones) que ellas provocan;
- la *fama, gloria y fortuna* mejores, porque a través de ellas habrás logrado las fuerzas más favorables para tu futuro;
- el mejor de los *regalos,* porque te harán reconocer estas cualidades del carácter y respetarlas.

El propósito de escuchar y estudiar las doctrinas budistas es vencer las tres venenosas emociones aflictivas —la lujuria, el odio y la ignorancia— y dedicarse a prácticas altruistas de manera que puedas lograr un estado de omnisciencia que te capacitará para ayudar a los demás en una vasta escala. Por tanto, una vez que hayas escuchado estas enseñanzas, es fundamental que las pongas en práctica según tu capacidad, para que puedas llegar a liberarte al fin de la cárcel de la reencarnación.

Cuando leas o escuches este beneficioso consejo, es importante que depongas el orgullo y atiendas respetuosamente a las enseñanzas. Como dijo Buda, «escucha bien, a conciencia, y conserva en tu mente la enseñanza». Si cuando escuchas una conferencia tu mente está en cualquier otra parte, es como intentar llenar una vasija que está boca abajo porque la enseñanza no entrará en tu mente. Si más tarde te olvidas de lo que has oído, es como llenar una vasija que se sale; la enseñanza no se quedará en tu memoria. Toma notas escritas si eso te ayuda.

Aun si esta enseñanza te entra por los oídos y se queda en tu mente, si la usas para asuntos superficiales tales como obtener dinero o fama, no te resultará de beneficio. Lo que podría haber sido de utilidad se ha corrompido por una motivación imperfecta, como una vasija sucia contamina el agua que derraman en ella.

La doctrina budista puede ayudarte a que alcances un estado libre de emociones aflictivas. Debido a que estás buscando resolver tus propios problemas, imagínate como un enfermo que ha caído bajo la influencia de tres enfermedades destructivas: la lujuria, el odio y la ignorancia. Tu maestro es como un médico que sabe contraatacar estas fuerzas desfavorables, y lo que te están enseñando es como la medicina.

Hay que tomar esa medicina. Para curarse de una enfermedad no basta conseguir la medicina ni saber cómo funciona; tienes que ingerirla. De la misma manera, para curarse de emociones venenosas destructivas, tienes que poner en práctica las técnicas para eliminar esos venenos. Hay que tener en mente los métodos y la mente tiene que convertirse en una de las prácticas.

En términos generales, cuando estudias temas como gramática o historia, sólo debes asimilar la información que se imparte; sin embargo, cuando estudias temas cuya finalidad es la superación mental, es necesario que mezcles tu mente con el significado de las lecciones. Si tratas las enseñanzas que ofrecen métodos para adiestrar la mente como si sólo fuesen parte de una enumeración de lo cognoscible, errarás el tiro. Debes aplicar constantemente esos métodos y ese entendimiento a tu propia experiencia de manera que incluso si lees sólo una página de las lecciones, ésta evoque sentimientos y conmueva la mente. De otro modo, aun si llegas a familiarizarte con las enseñanzas de una manera externa, no te ayudarán. ¡Hasta puedes convertirte en un erudito orgulloso e incluso envidioso —altanero y pugnaz! Tal fracaso vendría a demostrar que tus propias actitudes no han llegado a entrelazarse con las enseñanzas.

Desde el comienzo, trata las enseñanzas como una guía o un consejo. Como dice Songkapa en su *Gran tratado sobre las etapas del camino*:

Cuando escuchas las enseñanzas, si te quedas distanciado dentro de tu propio proceso mental y tratas las enseñanzas como algo divorciado de ese proceso, entonces, no importa lo que se explique, no resultará efectivo. Escuchas las enseñanzas para determinar la condición de tu propio flujo de pensamiento. Por ejemplo, cuando quieres saber si tienes alguna suciedad o algo semejante en la cara, lo compruebas mirándote al espejo y quitándote la mancha. De la misma manera, cuando escuchas las enseñanzas, las faltas que has desarrollado en tu conducta aparecen en el espejo de las enseñanzas, y te producen una sensación de incomodidad, «¡mi mente ha llegado a ser como esto!». Luego te esforzarás para limpiar esas faltas y lograr cualidades favorables.

Cuando eliges no aceptar emociones autodestructivas, sino que quieres limpiarte de tales problemas, verás que las técnicas budistas son eficaces y generarás naturalmente dentro de ti un creciente interés en ellas. Querrás que estas técnicas crezcan y se desarrollen en tu mente y en la mente de los demás.

Meditación

Hay dos tipos de meditación, una que conlleva el análisis y otra que implica sólo concentrar la mente en un objeto sin ningún análisis. La primera se llama meditación analítica y la segunda se llama meditación estabilizadora. Algunas personas creen que la meditación es simplemente un asunto de no pensar mucho, pero ésa es sólo un tipo de meditación; ¡huelga decir, que difiere enormemente de la meditación analítica!

Puesto que la meditación en general significa familiarización, la meditación analítica significa el familiarizarse con un tema por medio del examen y la investigación. Por contraste, la investigación estabilizadora significa simplemente concentrarse en un estado de gran agudeza mental en un solo punto al cual has llegado a través del análisis. En la meditación estabilizadora, te llegas a familiarizar con un objeto o una perspectiva al concentrar tu mente en él luego de tomar la decisión de hacerlo; de manera que mantienes tu mente dentro de un estado específico, sin emprender ninguna investigación ulterior.

La meditación analítica es fundamental. No basta con prometerse transformar la mente o desear hacerlo; eso sólo no tendrá éxito. Para mejorar tu mente debes pensar mucho en las razones para hacerlo, llegar a conocerlas desde las mismas profundidades de tu mente, lo cual motivará la firme aspiración y el empeño. Por ejemplo, cuando cultivas la compasión, un deseo devoto de que todos los seres sensibles se vean libres del sufrimiento y de las causas del mismo, eso es algo que resulta útil, pero no es suficiente; debes reflexionar sobre las razones para esta compasión desde muchos puntos de vista, tal como lo explicaremos en los capítulos 15 y 16.

Permíteme una explicación acerca de un sistema de meditación no reflexiva del antiguo Tíbet. En el siglo VIII, en el monasterio de Samye, al sur de Lasa, la capital, había cuatro templos: el Santuario de la Moralidad Pura, donde el maestro indio Shantarakshita, como abad, transmitió los votos monásticos a siete personas cuyas predisposiciones hacia la práctica budista él había suscitado; el Santuario de la Traducción, para traductores eruditos; el Santuario de la Concentración Inamovible, donde se practicaba la tradición china del *chan* y el Santuario de los Exorcistas de Mantrika, para legos ordenados practicantes de Tantra. En el Santuario de la Concentración Inamovible los monjes de China sólo practicaban la meditación no conceptual, que terminó por llegar a ser un estado de dejar la mente en blanco. En ese tiempo, muchos tibetanos orientados hacia la espiritualidad creían que cualquier clase de conceptualización era problemática y buscaban, como los monjes chinos, bloquear todos los pensamientos. Kamalashila, un discípulo de Shantarakshita refutó este enfoque en un famoso debate en Samye y a través de una trilogía llamada *Etapas de la meditación*.

Es probable que en China los orígenes de este énfasis en la no conceptualización se arraigaran en una tradición de estudio y pensamiento contemplativo que se llevaba a cabo antes de la meditación, y luego, cuando la comprensión de la inidentidad se cultivó en el nivel de la experiencia real, se concentraron exclusivamente en la inidentidad durante la meditación. Sin embargo, con el tiempo lo «no conceptual» llegó a significar «dejar la mente en blanco». Kamalashila refutó este enfoque al enfatizar la importancia de la meditación analítica, como lo haría más tarde el sabio tibetano Songkapa en su *Gran tratado de las etapas del camino*.

LA NECESIDAD DEL ANÁLISIS

En el budismo en general y en la tradición que parte de las grandes escuelas monásticas de la India en particular, la fe se basa en conclusiones que provienen del análisis. Del mismo modo, la compasión surge de analizar nuestra situación en el mundo en relación con los demás. Así también, la sabiduría de concebir la impermanencia viene por vía del análisis, tanto como la sabiduría que concibe la inidentidad. Es importante tener una actitud analítica al comienzo, a mediados e incluso al final del camino espiritual porque, para que la sabiduría madure plenamente en la budeidad, uno debe, desde el comienzo, investigar con entusiasmo la naturaleza de las cosas y desarrollar de manera creciente esa actitud.

No basta creer que «Buda dijo tal cosa» o «mi Lama dijo tal otra». Adviértase cuánto razonamiento y debate hay en los textos de Nagarjuna, Aryadeva, Chandrakirti, Shantideva, Shantarakshita y Kamalashila. El análisis y la reflexión conducen a la convicción, la cual a su vez suscita una vigorosa dedicación a cambiar la perspectiva y la actitud; luego, con la familiarización o la meditación, la mente se transforma gradualmente.

En este proceso la inteligencia es un prerrequisito para la práctica del budismo. Al hacer uso de la plenitud del intelecto puedes ajustar y transformar una vasta gama de emociones. Al razonar en lugar de concentrarte en un tópico, creas una cognición válida, y a través de su fuerza vas deshaciendo gradualmente las actitudes erróneas. Para esto, no basta la mera erudición; lo que se necesita es su implantación en el nivel del sentimiento profundo, de la plena meditación.

MEDITACIÓN SUBJETIVA Y OBJETIVA

Existen dos estilos principales de meditación, el meditar sobre un aspecto subjetivo y el meditar sobre un aspecto objetivo. Cuando hablamos de «fe meditante», esto se refiere al cultivo de las actitudes subjetivas en la meditación, lo que hace que tu mente se haga más fiel o compasiva. Sin embargo, cuando hablamos de meditar sobre la impermanencia o la inidentidad, estos tópicos son el foco de la meditación objetiva. Hay aun otras clases de meditación, tales como la «meditación imaginativa» que podría conllevar el meditar sobre un espacio lleno de esqueletos a fin de disminuir la lujuria; aquí uno realmente no piensa en que el área está realmente abarrotada de cadáveres descompuestos; sino que usas tu imaginación para el propósito específico de poner la lujuria en una perspectiva más amplia. Existe también la «meditación reflexiva», en la cual traes a la mente cualidades de elevados niveles del camino, tales como la gran compasión y la comprensión de la vacuidad. En tu mente recorres toda una serie de prácticas, meditando en cada una de ellas aunque aún no hayas alcanzado los niveles más elevados; este tipo de meditación ayuda a allanar el camino para la ulterior comprensión.

CUÁNDO MEDITAR

De ser posible, medite en cuatro sesiones diarias —al amanecer, en la mañana, en la tarde y al anochecer. Como mínimo, establezca un patrón regular de meditación diaria. Para aquellos que tienen que acudir a trabajar, puede que sólo les sea posible meditar en la mañana o en la noche. La mayoría de las personas encuentran que la mente está más clara por la mañana, por consiguiente, meditar todas las mañanas puede ser preferible. Yo encuentro que tengo la mente más clara en las primeras horas de la mañana. En cuanto a la duración de la sesión, hasta que esté bien acostumbrado al proceso, es mejor que medite en breves sesiones de sólo varios minutos, extendiendo gradualmente el período de tiempo. Durante las vacaciones puedes alargar y aumentar el número de sesiones.

5

Conocer la preparación
de un maestro

En sentido general, un maestro es útil para adquirir conocimiento, y es particularmente importante para un maestro de temas espirituales estar debidamente preparado. Entre sus calificaciones debe resaltar su dominio de los textos espirituales y su experiencia en la transmisión de lo que enseña. Puesto que el fin mismo del saber budista es la disciplina de la mente, un maestro de tal conocimiento no podría ayudar a nadie a controlar su mente sin primero ejercer control sobre la suya. Por tanto, un maestro debe poseer cualidades internas de comprensión experiencial y de entendimiento escriturístico que sobrepase a la de sus estudiantes.

¿Cómo se logra eso? Mediante la triple preparación en moralidad, concentración meditativa y sabiduría. Específicamente, lo mismo si has tomado votos monásticos que si eres lego, como maestro deberías tener suficiente preparación en moralidad, de manera que ejerzas control sobre tus sentidos. De lo contrario, tus sentidos serán como caballos salvajes, que te arrastrarán a realizar acciones indebidas. También debes tener experiencia en la concentración meditativa de manera que puedas vencer las distracciones, tales como la excitación externa y la estupidez interna. Además, requieres el dominio del altruismo y específicamente de la vacuidad de la existencia intrínseca, a fin de apaciguar las emociones contraproducentes que hacen irresoluble el proceso mental. Como mínimo, debes tener alguna familiaridad con la inidentidad por medio de las escrituras y el razonamiento.

Para enseñar a estudiantes es necesario poseer un caudal de saber escriturístico, conocimiento y comprensión de toda una serie de enseñanzas, de manera que al equiparse con destrezas en técnicas de instrucción, uno pueda estimular la comprensión en los estudiantes. Para lograr esto debes ser enérgicamente entusiasta en mejorar el bienestar de tus alumnos, tener sólo una amorosa simpatía por ellos y obviar una y otra vez cualquier preocupación personal respecto a las dificultades inherentes a la explicación de las doctrinas hasta que ellos puedan asimilarlas.

Así como es importante para los que quieren ser maestros esforzarse en adquirir estas cualidades, así también es importante para los estudiantes comprender los atributos de un buen maestro espiritual e intentar encontrar a alguien dotado con ellos. Si no pueden encontrar a nadie que tenga todos esos atributos, al menos encuentren a alguien que tenga más buenas cualidades que defectos, y eviten a aquellos en quienes los defectos predominan o que se encuentran en la misma situación que ustedes.

Hay tibetanos en varias partes del mundo que están intentando enseñar, pero no están preparados para hacerlo. Los estudiantes deben cuidarse de evitar a tales maestros. Precipitarse en esta aventura es inadecuado. Analicen primero. Así como el maestro necesita del poder del análisis para llegar a ser erudito, de igual manera el estudiante necesita del análisis desde el comienzo mismo. Las doctrinas budistas aspiran a proporcionar antídotos para los tres venenos de lujuria, odio e ignorancia; para lograr esto se precisa de un saber exigente.

Kunu Lama Tenzin Gyeltsen me contó una vez una historia acerca de Paltrul Rinpoche, un gran lama de Kam, la provincia sudoriental del Tíbet. Paltrul Rinpoche, un defensor de la tradición de la *Guía para el modo de vida de Bodisatva* de Shantideva, era un auténtico monje, que vivía de manera muy sencilla. Una vez, cuando se encontraba visitando una zona, muchos estudiantes se reunieron en torno suyo, así como mucha gente de la localidad que había acudido para tener una audiencia con él. Un poquito molesto con todo este revuelo se fue por su cuenta para otra aldea donde le pidió a una familia un lugar donde quedarse. La madre de la familia lo tomó de criado, de suerte que barría los pisos y realizaba otros deberes, incluidos los de vaciar los orinales nocturnos. Luego de que pasaran algunos días, llegaron varios monjes y le preguntaron a la señora de la casa si su lama se estaba quedando en algún lugar de la vecindad. Ella les pidió que se lo describieran, lo cual hicieron, al oír lo cual la señora se sintió completamente avergonzada por lo que había hecho.

Los lamas auténticos, como Paltrul Rinpoche, asumen una postura humilde, aunque estén dotados de tremendas cualidades de carácter. En sánscrito la palabra para lama es *gurú*, que literalmente significa «cargado, en el sentido de estar en posesión de muchas grandes cualidades conducentes a actividades altruistas. En la actualidad, muchos que se llaman lamas han perdido de vista eso; la altura de sus tronos magisteriales y la elegancia de sus peculiares sombreros no reflejan su estado interior.

Si encuentras un maestro o maestra calificado, evalúalo; la mejor manera de lograr esto es alcanzar lo que enseña.

EL MODO DE ENSEÑAR

La persona que explique doctrina budista debe estar puramente motivada por un deseo de ayudar. Uno de los primitivos maestros tibetanos de la tradición de Kadam decía que él nunca había expuesto doctrinas sin antes haber meditado durante un tiempo sobre la impermanencia, y esto es un buen ejemplo de cuán importante es para un maestro ajustar su motivación ante de comenzar. La enseñanza no puede emprenderse con el objetivo de obtener bienes, servicios o fama. Cuando dictas clases movido por el deseo de recibir regalos a cambio, es como vender la doctrina por un precio. Esto es realmente atroz; lejos de ayudar, resulta perjudicial. Aunque tu desempeño magisterial pueda parecer bueno mirado desde afuera, en tu interior estás refugiándote en la codicia. Como dijera el maestro Geshe Sharapa:

Usamos la palabra «gurú» para llamar a cualquiera a quien le place enseñar y no le presta ni la más ligera consideración a los dones materiales. Alguien que hace lo opuesto no es idóneo de ser un gurú de aquellos que desean alcanzar la liberación.

En el siglo XVII, Tselay Rangdrol, un lama de la tradición de la Gran Plenitud de la secta nyingma del budismo tibetano, informó que había decidido dejar de viajar a caballo, renunció a comer carne y a nunca aceptar ofrendas por enseñar doctrina. Cuando leí su biografía, tomé la decisión de no aceptar ofrendas cuando dicto conferencias en distintas partes del mundo, insistiendo en que las ofrendas y el dinero de las entradas se dedique a los gastos de los organizadores y, cuando sobre algo, que se destine a la beneficencia.

Si eres un maestro, antes de sentarte a enseñar imagina a tu propio maestro en el lugar desde el cual vas a hablar e inclínate tres veces, mostrando así reverencia por la fuente de tus enseñanzas y por las enseñanzas mismas. Antes de ascender a la plataforma desde la cual voy a hablar, me imagino a Ling Rinpoche, quien fuera mi maestro principal, sentado en el asiento, y me inclino ante él; luego al tiempo de sentarme, rezo para mí las palabras del *Sutra del diamante* acerca de la impermanencia:

> Como una estrella fugaz, como una burbuja en un
>   torrente,
> como una llama al viento, como la escarcha bajo el sol,
> como un destello de luz o un sueño fugaz,
> así debemos entender el mundo del ego.

Reflexiono sobre la evanescencia de los fenómenos y sobre la negación del ego, y luego hago chasquear los dedos, el breve sonido simboliza la impermanencia. De esta manera me recuerdo a mí mismo que pronto descenderé del alto trono, para evitar así la vanidad.

Un maestro debe verse a sí mismo como un médico y las enseñanzas como su medicina, y a los que escuchan como pacientes necesitados de remedio. También, el acto de explicar la doctrina debe emprenderse sin ningún sentido de arrogancia hacia el público; no puede realizarse provocado por un deseo de humillar a otros y enaltecerse a uno mismo. Al considerarte a ti mismo y a los que te escuchan uno y lo mismo, estás transmitiendo la doctrina según se relaciona con tu experiencia dentro de una actitud amorosa. Cerciórate de evitar la envidia que te hace pensar que otros podrían estar espiritualmente por encima de ti, la dilación (el aplazar la enseñanza para otro momento), el desánimo por tener que repetir ciertos argumentos una y otra vez, la reserva de lo que sabes y el hacer afirmaciones acerca de ti mismo y encontrar faltas en otros. Dentro de esta perspectiva, enseñar con un verdadero sentido de altruismo es ciertamente beneficioso. Además, te ayudará a lograr la iluminación de manera que puedas ser aun de mayor ayuda para otros; tal enseñanza es una senda para alcanzar tu más profunda felicidad.

Antes de enseñar, lávate y ponte ropa limpia. Luego, en un lugar limpio y atractivo, comienza la clase rezando el *Sutra del corazón* para mantener alejados a factores de interferencia. Enseña con un semblante alegre y resplandeciente valiéndote de ejemplos, razonamientos y citas de las escrituras. Evita confundir las cosas tomando un poco de aquí y un poco de allá; abstente de hablar sólo de los puntos fáciles y dejar los más difíciles sin explicación; y no enseñes lo que no hayas comprobado y cuyo significado meramente supongas.

Una vez que decidas lo que sería ciertamente beneficioso, enseña a los que, por motivaciones puras y gran aspiración, se te acerquen y te pidan enseñanza. De otro modo, es inadecuado que te ofrezcas e intentes enseñar a cualquiera con quien te encuentres. Desde un punto de vista budista, el proselitismo no es apropiado porque una vez que una religión busca hacer conversos luego otras religiones harán lo mismo, lo cual conduce a la competencia y probablemente a problemas. Cuando impartas clases en Occidente, dile a la audiencia que en términos generales es mejor que se queden con la religión de sus padres, que usualmente es el cristianismo, el islamismo o el judaísmo. Como ya hemos explicado, los que practican esas religiones pueden a veces beneficiarse de algunas doctrinas y prácticas budistas, pero por lo general es bueno que las personas sigan apegadas a la religión en que crecieron.

Al concluir una enseñanza, el conferenciante y los oyentes deben dedicar juntos la virtud de la sesión al bienestar de todos los seres vivientes. Si usted puede hacerlo, reflexione también sobre cómo todos los fenómenos, como la sesión de enseñanza misma, son ilusiones en el sentido en que parecen existir independientemente, pero no es así; sino que dependen más bien de toda una serie de factores. Esto sella la experiencia dentro de una verdadera comprensión de su naturaleza y de la naturaleza de todas las cosas.

6

El budismo en la India y el Tíbet

Se dice que el Buda Sakiamuni es el cuarto de un millar de budas que han de aparecer en esta era. Según nuestros textos, los tres budas anteriores en esta era aparecieron cuando la vida promedio de los humanos era de ochenta mil años, sesenta mil años y veinte mil años respectivamente. Cuando examinamos esto a la luz del pensamiento científico actual, esta historia legendaria puede que merezca revisarse. Así como esos cristianos que afirman que sólo han transcurrido cinco o diez mil años desde la creación del mundo están en desacuerdo con las pruebas científicas de esqueletos humanos de hace millones de años, así los budistas tenemos un problema con nuestros textos que proponen un período demasiado largo desde la aparición de los humanos en este mundo. Nuestros libros hablan de seres humanos que aparecieron mucho antes incluso de los tres primeros budas, de manera que necesitamos revisar esta versión a la luz de la teoría de la evolución de Darwin.

Los budistas tenemos que admitir que hay contradicciones entre nuestros textos, tales como *El tesoro de la sabiduría manifiesta*, de Vasubandu, que sitúa físicamente ciertos dominios del renacer y las mediciones científicas de nuestro planeta. Negar tales evidencias sería contradecir lo que se observa directamente, y puesto que es un principio fundamental de la filosofía budista no contradecir el razonamiento, no podemos, por supuesto, contradecir la observación directa. Por tanto, las magnitudes que aparecen en ciertos textos budistas no pueden tomarse literalmente.

En cualquier caso, la enseñanza de Buda se divide en enseñanzas textuales y enseñanzas conceptuales; esta última consiste de tres aprendizajes: la moralidad, la meditación concentrada y la sabiduría. A través de las enseñanzas textuales aprendes a generar los tres aprendizajes en tu torrente mental, después de lo cual puedes practicarlos y finalmente comprenderlos. Puesto que, a fin de practicar, debes saber cómo hacerlo, las enseñanzas textuales vienen primero. Las grandes figuras budistas del pasado escucharon un vasto número de enseñanzas y, en consecuencia, adquirieron un vasto conocimiento. Al poner en práctica lo que habían oído y estudiado, comprendieron estas enseñanzas directamente, en forma de experiencia.

NALANDA

En el transcurso de los siglos, las enseñanzas de buda fueron transmitidas a través de los yoguis eruditos de la gran institución budista del saber llamada Nalanda, la cual era el instituto más importante y famoso de la India para aprender, mantener y promover los sistemas de toda la gama de las enseñanzas de Buda. Este centro de saber alcanzó su apogeo bajo el liderazgo de Nagarjuna. La mayoría de los grandes autores budistas de los textos en sánscrito fueron eruditos de Nalanda y, posteriormente cuando se formó otro gran centro —Vikramalashila—, se utilizaron los textos y métodos de estudio de Nalanda con variaciones menores.

Las grandes figuras indias a partir de quienes se derivan las cuatro principales sectas tibetanas —Shantarakshita y Padmasambava de la secta de la Antigua Traducción de Nyingma, Virupa de la secta Sakya, Naropa de la secta Kagyu y Atisha de la secta Geluk— fueron todos grandes eruditos en Nalanda o en su derivación, Vikramalashila, por lo que resulta claro que todas las órdenes religiosas en la nevada tierra del Tíbet conservan un linaje de Nalanda.

Como dijera el gran maestro indio Vasubandu, el llegar a ser un apropiador, mantenedor y diseminador de la enseñanzas conceptuales depende de la práctica —no existe otra manera. En el budismo chino, hay seguidores de las tradiciones de la Tierra Pura que leen las enseñanzas de Buda acerca de los bene-

ficios de renacer en una Tierra Pura y concentran sus más
fervientes plegarias en poder nacer allí. En la China y el Tíbet
existen mediadores que se esfuerzan para generar concentra-
ciones meditativas individualizadas sin prestarle mucha atención al conocimiento de los libros. Sin embargo, según el
proceso de Nalanda, es importante dedicarse a un estudio in-
tensivo y a poner en práctica todo lo que hayas entendido en el
estudio, conforme a la tradición de exponer primero e imple-
mentar después. (Algunos tibetanos enfatizan la construcción
de templos y monumentos religiosos pero no se dedican ni al
estudio ni a la práctica para promover su propio bienestar. Aunque es bueno construir templos, no debe ser la actividad religiosa fundamental).

TEXTOS EN LAS ETAPAS
DEL CAMINO

La introducción más significativa al Tíbet de la visión profunda
y de los infinitos actos compasivos tuvo lugar en el siglo VIII
E.C. a través de Shantarakshita, quien también se educó en Nalanda y fue invitado al Tíbet por el rey Trisong Detsen. Durante
ese mismo período histórico, el maestro indio Padmasambava
también alcanzó renombre por eliminar obstáculos en el Tíbet
para la propagación de la doctrina budista. Por consiguiente, a
estos tres —el experto Shantarakshita, el maestro Padmasam-

bava y el rey patrocinador Trisong Detsen— se les reconoce
como la tríada que echó los cimientos del budismo en el Tíbet.
En ese tiempo el budismo ya se había extendido por la China
donde se introdujera unos setecientos años antes.

En el siglo XI, el yogui erudito indio Atisha, que nació en
Bengala en el seno de una familia real y cuya institución de
aprendizaje fue Vikramalashila, se fue al Tíbet. Puesto que por
la época en que Atisha llegó al Tíbet el país era casi enteramente
budista, él no tuvo que refutar primero otros sistemas, ni defen-
der estas doctrinas y puntos de vista. Dada la disposición y
los intereses del pueblo tibetano, así como su ambiente físico
de alguna manera aislado, lo que necesitaba era una estruc-
tura ordenada de instrucciones prácticas y, en consecuencia,
Atisha compuso un texto titulado *La lámpara para el camino de la
iluminación*.

En la India, la convención requería el ordenamiento de las
etapas de la práctica espiritual en tres niveles de creciente capacidad. Fundamentándose en esa tradición, Atisha les presentó a
los tibetanos tres etapas de implementación: primero la de menor capacidad, luego la de mediana capacidad y finalmente la
de gran capacidad. Estos tres grados se basan en el hecho de
que todas las enseñanzas de Buda aspiran a ayudar a los seres
a alcanzar los objetivos deseables tanto temporales como de-
finitivos. El objetivo temporal es una buena vida dentro de la
existencia cíclica que conduce a la práctica espiritual, y la meta

final es la liberación de la existencia cíclica y el logro de la omnisciencia altruista.

En cuanto a lo que estos tres niveles de practicantes se proponen vencer, existen tres niveles de sufrimiento:

1. *Dolor físico o mental indiscutible* (desde dolores de cabeza a dolores en la espalda a sensaciones de incomodidad).

2. *Sufrimiento debido al cambio.* La mayoría de los placeres ordinarios se basan en el alivio del dolor, por ejemplo, cuando te sientas después de haber caminado mucho; no hay nada intrínsecamente placentero en ellos. Sin embargo, solemos creer erróneamente que estos placeres temporales poseen de suyo una naturaleza placentera. Si el sentarse conllevara realmente una naturaleza intrínseca de comodidad, entonces cuanto más tiempo estemos sentados, tanto más cómodos deberíamos sentirnos. Por el contrario, lo que al principio place termina por hacerse penoso. ¿Puedes pensar en una experiencia placentera que, si *abusas* de ella, *no* se torne dolorosa? Cuando iniciamos nuestros placeres habituales, tales como comer, beber o participar de una conversación amena, estos nos parecen disfrutables y satisfactorios, pero si nos dedicamos continuamente a ellos, se convierten en molestos o abiertamente dolorosos. En un final, las sensaciones placenteras comunes se esfuman, son inestables. Como Aryadeva dice en su texto *Cuatrocientas estrofas*:

El placer, si se prolonga,
en dolor se ve tornado.
Pero el dolor prolongado
en un placer no se torna.

Luego, si meditas al respecto, podrás ver que los placeres tienen una subyacente naturaleza de sufrimiento; esto significa que no debieras satisfacerte con ellos.

3. *El sufrimiento del acondicionamiento dominante.* Esto se refiere al hecho de que nuestras mentes y cuerpos funcionan bajo la influencia de emociones destructivas tales como la lujuria y el odio, y bajo la influencia de acciones (karma) tales como robar y asesinar motivadas por esas emociones destructivas. Incluso los estados emocionales neutrales (ni de placer ni de dolor) están bajo la influencia de causas y condiciones que escapan a nuestro control. Ésta es la raíz de todos los niveles del dolor. Como dice el gran sabio Songkapa:

Del mismo modo que alguien que lleva una carga pesada no puede ser feliz mientras deba llevar la carga, tú sufrirás también mientras lleves la carga de un complejo de mente y cuerpo que se haya adecuado a las emociones aflictivas y a los karmas motivados por ellos. Aunque tengas momentos ocasionales en que la sensación de dolor se ausente, debido a que el complejo mente-cuerpo está firmemente plantado en las tendencias disfuncionales del sufrimiento y las emociones aflictivas, el sufrimiento del acondicionamiento dominante sigue estando presente y, por tanto, multitud de sufrimientos están sólo a punto de surgir de incontables maneras. Puesto que el sufrimiento de tal condicionalidad domina todos los dolores y es la raíz de todas las otras clases de sufrimiento, medita en ello a menudo a fin de que llegues a desilusionarte de él.

Los principiantes procuran evitar los peores dolores físicos y mentales de las transmigraciones, como los de animales, fantasmas hambrientos y seres infernales al alcanzar un elevado estatus dentro de la existencia cíclica como humanos o dioses. En el próximo peldaño, los practicantes de la mediana capacidad se empeñan en vencer los tres niveles del sufrimiento mediante la liberación de todas las diversas formas de la existencia cíclica, superando incluso el sufrimiento de la vida provocado por las emociones afectivas. En el último escalón, los practicantes de la gran capacidad buscan sobreponerse al problema de las predisposiciones que dejan en la mente esas emociones destructivas, lo cual les impide el alcance de la plena perfección de la omnisciencia altruista y, en consecuencia, limita sus intentos de ayudar a otros; su objetivo no es sólo la liberación de la existencia cíclica, sino el logro último de la gran iluminación de la budeidad.

De esta manera, Atisha mostraba cómo los numerosos modos de la práctica budista se incluyen todos en las prácticas de tres niveles de capacidad gradualmente creciente: menor, mediana y superior. Las prácticas previas son prerrequisitos necesarios para progresar hasta la perspectiva más elevada. Como dice el maestro indio Shura:

Una persona de gran capacidad debe practicar todas estas; son senderos del camino de la suprema intención para ser libre.

Se requieren todas estas prácticas para lograr lo que necesitas alcanzar: la perfección del conocimiento que Buda Sakiamuni alcanzó. Puesto que buscamos la budeidad a fin de prestarles un mayor servicio a los demás, debemos identificar lo que se necesita para alcanzarla: una intención altruista para llegar a ser iluminado, suficiente fortaleza para apreciar a otros más que a uno mismo. Por tanto, todas las enseñanzas de Buda, directa o indirectamente, están orientadas a inculcar esta actitud altruista y a incrementar su fuerza: ellas la nutren.

Las prácticas budistas que se aplican directamente a la generación del altruismo se incluyen en el ciclo de las enseñanzas para seres de gran capacidad. Sin embargo, a fin de generar una gran compasión por el sufrimiento de otros, es necesario identificar su forma principal, la cual es el sufrimiento a partir del acondicionamiento dominante. Resulta más fácil identificarlo en ti mismo, de manera que antes de llegar a perfeccionar una gran compasión debes perfeccionar tu propia intención de salir de la trayectoria cíclica del sufrimiento. Como dice Shantideva en *Una guía para el modo de vida del bodisatva*:

> ¿Cómo podrían los que ni por su propio bienestar
> han concebido esa actitud,
> ni siquiera en un sueño,
> engendrarla por el bien de los otros?

El buscar librarte de la existencia cíclica por ti mismo se incluye en las enseñanzas para las personas de la mediana capacidad, quienes se empeñan en apartarse de todas las formas de la existencia cíclica, trascendiendo el énfasis del principiante que sólo aspira a lograr reencarnaciones felices dentro de la existencia cíclica. Antes de hacer eso, debemos socavar nuestro apego excesivo a las apariencias superficiales de esta vida; las técnicas para alcanzar esto se incluyen en el ciclo de enseñanzas para personas de la menor capacidad.

Como puedes ver, cada una de estas prácticas es un peldaño en el desarrollo de la próxima perspectiva. ¿Por qué, pues, no se incluyen todas en una misma categoría para el logro de la gran capacidad? Si así fuera el caso, los practicantes podrían llegar a pensar orgullosamente, y desde el comienzo, que ya se encuentran en el nivel superior, mientras al haber prácticas en tres diferentes categorías, los practicantes pueden identificar de manera realista su propio nivel actual. Además, aquellos que por el momento no aspiran a elevados niveles de práctica pueden encontrar lo que necesitan, ya que cada nivel se presenta en relación con lo que ha de lograrse, el por qué debemos lograrlo y las técnicas necesarias para practicarlo.

La *Lámpara para el camino de la iluminación* de Atisha ofrece en forma completa todos los niveles de práctica mientras avanzamos hacia el logro de la plena iluminación. Puesto que este texto contiene toda la diversidad de prácticas que encontramos en las enseñanzas de Buda, todas las principales sectas tibetanas se han dado a la tarea de perpetuar la enseñanza de Atisha con presentaciones fundamentalmente semejantes del camino.

TIPOS DE ENSEÑANZAS

Cuando un gurú plenamente capacitado le ofrece a un discípulo también capacitado orientación idónea con respecto a la situación de esa persona, el discípulo no tiene necesidad de estudiar muchos textos. Al recibir del lama instrucciones expresas para la eliminación de obstáculos y para ascender, el discípulo se concentra en la meditación. El lama brinda orientación adecuada para que el estudiante transforme sus necesidades mientras progresa. Hay otros casos en los cuales un lama que ha alcanzado un elevado nivel de desarrollo espiritual transmite sus conocimientos a los estudiantes adecuados en forma de cánticos espirituales, tales como hacen los yoguis indios, como Saraha, y los lamas de todas las sectas tibetanas.

Otro tipo de enseñanza budista se encuentra en los exhaustivos escritos de grandes eruditos, tales como los famosos diecisiete *pandits* (estudiosos) de Nalanda. Estas enseñanzas substanciales incluyen las *Selecciones de razonamientos* de Nagarjuna, las *Cinco doctrinas* de Maitreya, los *Cinco tratados* de Asanga, *Una guía para el modo de vida del Bodisatva* y otros textos por el estilo. Hay, pues, dos tipos de enseñanzas, las que se imparten en privado para estudiantes en particular y las que presentan un enfoque más completo. Las presentaciones de las etapas del camino, hechas por Atisha y algunos autores tibetanos como Songkapa, son enseñanzas totales, basadas en la manera de proceder según la tradición de Nalanda.

Cuando las enseñanzas dirigidas a algunos estudiantes en particular se examinan como un *corpus* textual, es posible que no haya acuerdo tocante a sus significados superficiales o literales, puesto que su propósito es ayudar de manera adecuada en la situación actual de un estudiante. Buda mismo a veces enseñaba de este modo, basándose en la necesidad de un discípulo. Cuando estas enseñanzas se comparan con las enseñanzas generales, estas últimas resultan más importantes. Desde la perspectiva de los grandes textos generales, uno puede comprender el pensamiento detrás de esos textos impartidos a estudiantes particulares.

Cuanto más te familiarices con el vasto alcance de los grandes textos, tanto menos probable es que cometas un error de comprensión. Esto se debe a que existe el peligro de encerrarse en el sentido literal de un pasaje en particular, sin ponerlo en contexto. Con esto en mente, Songkapa dice al comienzo de su *Gran tratado sobre las etapas del camino*:

En la actualidad, los que se esfuerzan en el yoga han
    estudiado poco.
Y aquellos que han estudiado mucho no están adiestrados
    en los puntos esenciales de la práctica.
Al juzgar las escrituras con una visión parcial, la mayoría es
    incapaz de discernir el sentido de las mismas valiéndose
    del razonamiento.

En mi propia experiencia he encontrado un gran beneficio en estudiar y practicar una amplia variedad de enseñanzas budistas.

LA UTILIDAD PRÁCTICA
ES IMPORTANTE

Para practicar debes estudiar, pero cuando estudias debes ser capaz de destilar la esencia práctica del texto. Aunque pudieras saberlo todo acerca de una amplia gama de temas, sino no sabes cómo conjugarlos en la práctica, tu mente funcionará como si estuviese fragmentada en muchos pedazos.

Antes de escribir el *Gran tratado sobre las etapas del camino*, Song-kapa mismo recibió los tres linajes de transmisión de *La lámpara para el camino a la iluminación* de Atisha, uno de ellos en conexión con los grandes textos, otro no tan vasto, pero aún asociado con los grandes textos, y luego una versión más condensada con instrucciones esenciales para estudiantes particulares. La escuela a la que pertenecen los tres se llama «Palabras de consejo orientador» (Kadam), porque toma toda las palabras de Buda como consejo para su implementación en la práctica espiritual de un solo individuo. Como dijera el gran yogui tibetano Jangchup Rinchen, «Entiende todas las escrituras como instrucciones para la práctica».

Desde esta perspectiva uno puede entender de inmediato cómo las prácticas descritas en otros textos se ajustan al marco del camino a la iluminación. Esta amplia visión de los niveles de la práctica impedirá que te tornes prejuiciado, que mires un texto con desdén porque, por ejemplo, no enseña los niveles más elevados del camino. Entenderás que todas las prácticas son necesarias para que una persona alcance la budeidad, algunas al principio del camino y otras más tarde. Ya que estas prácticas se organizan a partir del nivel de una mente muy perturbada y se extienden a través del adiestramiento gradual hasta niveles cada vez mayores de serenidad, cuando lees la palabra de Buda o sus comentarios, puedes entender fácilmente qué prácticas están destinadas a lograr vidas temporalmente favorables dentro de la secuencia del nacimiento y la muerte, cuáles están destinadas a lograr la liberación de la existencia cíclica y cuáles tienen por objeto alcanzar la omnisciencia altruista de la budeidad.

Al carecer de esta amplia perspectiva, algunas personas en países donde el budismo se había extendido, expresaron que ciertos textos no fueron dichos por el Buda, lo cual ponía a los que aceptaban esos textos en la posición de tener que probar que Buda en verdad sí los había dictado; esto dio pie a montones de controversias e interminables disputas. Pueden verse prejuicios semejantes en sectas tibetanas del budismo que afirman que ciertas enseñanzas bastan y que otras son superfluas. (Me imagino que esto sucede también en sectas de otros países). Esto es lo que ocurre cuando uno no toma todo el registro de las escrituras como orientación o consejo y, por tanto, sin contradicciones. Siempre debemos estar en guardia con respecto a las emociones destructivas, tales como el deseo de destacarnos por encima de los demás; son emociones muy poderosas que pueden corromper aun los empeños más religiosos.

Puedes estar pensando que, debido a que los grandes textos establecen doctrinas que no son aplicables a tu práctica diaria en tu nivel actual, necesitas buscar consejo en alguna otra parte. Podría parecerte como si los grandes textos brindaran explicaciones filosóficas meramente para el debate con otros, y que otros textos más breves ofrecen lo que ha de ser práctico. Debes entender que todas las escrituras de Buda y sus comentarios son necesarios para tu iluminación, y debes saber cómo tomarlos todos como guía para la puesta en práctica, ahora o después. Sería ridículo estudiar una cosa y luego practicar otra. Como mínimo, las enseñanzas elevadas proporcionan un mapa para el futuro progreso espiritual que en sí mismo influirá tu trayectoria.

ESCALONES DE LA PRÁCTICA

En las etapas del camino de la iluminación, los niveles más bajos proporcionan los fundamentos para desarrollar una amplia actitud de amoroso interés por un vasto número de seres sensibles. Por tanto, aunque Buda enseñara a ciertos discípulos, en base a la perspectiva mental que poseían, que debían buscar la paz y la felicidad para ellos solos y, en consecuencia, les prohibió que se dedicaran a muchas actividades y se comprometieran con muchos propósitos, estas enseñanzas limitadas no son el foco de las etapas del camino a la iluminación. Ciertamente, en lo que te concierne, necesitas pocas actividades y pocos propósitos, pero en términos del bienestar de otros necesitas muchos. Éste es el punto de vista del altruismo que se llama la actitud bodisatva. En efecto, si emprendes muy pocas actividades por el bien de los seres sensibles, estás cometiendo una infracción del voto budista que exige que mantengas una actitud altruista.

No tengo más remedio que observar que con frecuencia nos contentamos simplemente con desear la felicidad de los demás y orar por ella, mientras en lo que nos atañe hacemos todo lo que podemos por nuestro mejoramiento, ¡no sólo lo deseamos!

PUNTO DE PARTIDA

Volvamos ahora a abordar los tres niveles con más detalles. Con este fin extraeré citas del *Gran tratado sobre las etapas del camino* de Songkapa, así como de su *Exposición de mediana longitud de las etapas del camino*. Songkapa fue un gran erudito; sus obras escogidas llenan dieciocho volúmenes y, si bien ese número no es extremadamente grande en comparación con algunos otros tibetanos, sus obras son de una altísima calidad. Sus explicaciones de los grandes textos, aunque concisas, son también asombrosamente agudas. Él se concentra en los puntos difíciles, citando en su explicación de la sabiduría de la vacuidad, por ejemplo, los pasajes de comentarios indios que son los más difíciles de entender. En *La esencia de la elocuencia*, cuando explica la perspectiva de sólo-la-mente, se centra en el capítulo sobre la realidad de *Fundamentos de bodisatvas,* de Asanga, que si bien es una minúscula porción de un texto muy largo, contiene muchos pasajes abstrusos, que o no se entienden bien o suscitan dudas, razón por la que él los destaca. Su nivel de erudición es en verdad extraordinario.

Cuando estudias los escritos de Songkapa, los que produjo al final de su vida revelan las experiencias que adquirió mediante la puesta en práctica de enseñanzas fundamentales, que muestran a las claras que él había alcanzado elevados niveles de comprensión. Tanto en lo concerniente a la erudición textual como a entendimiento práctico, alcanzó un elevado desarrollo, lo mismo como gran erudito que como perfecto adepto. Sus escritos postreros también muestran su integridad cuando asume posiciones diferentes e incluso contrarias a las de sus primeros escritos. Resiste las tentaciones de la pretensión y la terquedad.

NIVEL INICIAL DE LA PRÁCTICA

7

Nuestra afortunada situación

¡Por qué malgastaría el logro de una vida tan buena!
Cuando actúo como si fuera insignificante, me engaño a mí
  mismo.
¡Qué podría ser más tonto que esto!

—SONGKAPA

Nuestra época se llama la Era de la Lámpara porque en este tiempo un millar de Budas iluminarán la sabiduría de la inidentidad, que es el antídoto para todas las emociones destructivas. Los textos budistas llaman a nuestro mundo «el mundo tolerable» porque tenemos acceso al antídoto para la confundidora naturaleza del ego y, por tanto, no tenemos ninguna necesidad de temer emociones aflictivas; esto nos permite tolerar el estar en tan mal estado.

Sin ese antídoto, las emociones destructivas serían todopoderosas. Al no reconocer el error de desmesurar el ego, hasta llegamos a refugiarnos en esta actitud, permitiéndole que repose en el centro de nuestros corazones, pensando «yo», «yo», «yo», «yo» incesantemente, y valorando desmedidamente ese ego. Debido a esto, las emociones aflictivas nos controlan, obligándonos a someternos a la influencia de una multitud de actitudes contraproducentes. Sin embargo, al buscar la enseñanza de la inidentidad, podemos generar una sabiduría que nos permita ver este malentendido como realmente es, permitiéndonos vencer la ignorancia.

Reflexiona sobre la situación afortunada en que nos encontramos en el presente. Somos libres de las principales condiciones que impedirían la práctica religiosa y tenemos muchas dotes que nos favorecen. En primer lugar, si hubiéramos nacido en una de las transmigraciones subhumanas, no tendríamos ninguna oportunidad de practicar. Ni siquiera pensaríamos en emprender una práctica transformadora, no importa que podamos encontrar a alguien que la enseñe. Por ejemplo, como animales, seríamos incapaces de meditar en la impermanencia, en la inidentidad o en una intención altruista para llegar a ser iluminados, e incapaces de cultivar el amor y la compasión ilimitados. Aunque pudiéramos tener amor y compasión mezclados con el deseo y el odio, cualquier cosa más allá de eso sería imposible. Es por esto que debemos valorar el hecho de haber nacido con un cuerpo humano.

Permítanme contar un chiste. Una vez había un lama en el Tíbet que mientras enseñaba hablaba acerca de cuán raro era alcanzar un nacimiento humano. Había un chino en la audiencia que se volvió hacia la persona que tenía más cerca y le dijo, «¡Parece que nunca ha estado en la China!»

En verdad, el hecho de nacer como un ser humano no es en sí mismo tan asombroso. Si hubiéramos nacido humanos en una era oscura antes que Buda —o un líder religioso semejante— hubiera aparecido, no podríamos haber llegado a conocer sus enseñanzas; luego, es definitivamente una ventaja para nosotros que éste no sea el caso. Hemos nacido durante la Era de la Lámpara, cuando un millar de budas aparecerán y en una época cuando la enseñanza de Buda Sakiamuni ya se ha extendido ampliamente por el mundo. Eso nos hace extremadamente afortunados.

Del mismo modo, si hubiéramos carecido del pleno complemento de los sentidos, la práctica sería difícil. Si fueramos ciegos, no podríamos leer los textos; sordos, no podríamos oír las prédicas. Si fuéramos extremadamente torpes, el pensamiento reflexivo nos resultaría difícil. Pero no hemos nacido de esa manera; tenemos suficientes facultades para la práctica religiosa, lo cual es muy afortunado. Y si estás leyendo estas palabras, supongo que tienes un interés en la práctica religiosa. Esta situación es verdaderamente maravillosa.

RAREZA DE ESTA OPORTUNIDAD

Alguien que nace como humano
Y luego comete fechorías
Es más tonto aún que el que llena de vómitos
Un vaso de oro adornado de piedras preciosas.

—NAGARJUNA, *CARTA A*

UN AMIGO

Si las dotes humanas pudieran alcanzarse una y otra vez en el transcurso de varias vidas, no sería tan malo si no las usáramos y las desperdiciáramos. Sin embargo, la vida como un ser humano es rara. ¿Por qué? Todos los fenómenos impermanentes dependen de causas y condiciones, y este sistema físico humano que sostiene la vida y que es potencialmente tan eficaz exige causas de alta calidad. ¿Cuáles son esas causas? Una vida humana exige una pura actividad moral en una vida previa. Además de esto, una vida humana durante la cual puede lograrse la práctica de la transformación exige previas dedicaciones a virtudes tales como la caridad y la paciencia, y estos actos virtuosos mismos deben estar dirigidos conscientemente hacia la obtención del tiempoy las cualidades necesarias para la práctica religiosa. Con esta motivación estos actos no se perderán al hacer que sus resultados kármicos se produzcan, por ejemplo, en una vida como un animal inteligente.

Así, pues, se necesitan tres factores para llegar a ser un humano altamente dotado: conducta moral fundamental, practicar la generosidad y otras virtudes análogas, y dedicación a esas prácticas hacia su cristalización en una vida humana. Si reflexionamos sobre si ahora mismo contamos con las causas y condiciones que nos garanticen una favorable reencarnación como el ser que ahora somos, nos daremos cuenta de que la mayoría de nosotros —incluso si sabemos algo acerca del quehacer espiritual y su eficacia— somos tan dependientes de nuestras emociones destructivas que nos vemos atraídos a las acciones no virtuosas como si fueran parte de nuestra naturaleza. E incluso cuando pensamos en realizar acciones virtuosas, rara vez producimos algo de alta calidad.

¿Por qué? El poder de una acción, virtuosa o no, depende de la preparación, ejecución y finalización. Por ejemplo, una poderosa acción virtuosa, tal como una mediación, exige una buena motivación en su fase preparatoria, una norma de alta calidad durante la meditación misma, el regocijarse en la realización de la actividad y el dedicar la fuerza de ésta, en su conclusión, a la iluminación altruista, sin arrepentimiento. Lo mismo es válido para una acción no virtuosa: ya sea un asesinato, un robo, una mentira o cualquier cosa por el estilo, la motivación es una emoción aflictiva, y si el acto se realiza con entusiasmo y sin vergüenza y si al final tienes un sentido de satisfacción, la acción no virtuosa se torna particularmente poderosa como una fuerza negativa.

Si esos factores son débiles, el resultado es débil. En verdad, es difícil cuando meditamos, por ejemplo, mantener una firme motivación: la intención de excluirte de la existencia cíclica, así como generar amor, compasión y una intención altruista para llegar a ser iluminado. Es difícil también llevar a cabo los diversos pasos de la auténtica meditación conscientemente y sin distracción.

Además, la cólera, siempre que se produce, puede minar los efectos de una acción virtuosa. Afortunadamente, los malos efectos de una acción no virtuosa pueden mitigarse de cuatro modos: revelándola, arrepintiéndose de haberla cometido, proponiéndose no hacerla en el futuro y dedicándose a acciones virtuosas, tales como el servicio público. En tanto parece que generamos con tan poco esfuerzo la irritación y la ira, estas acciones virtuosas de la confesión, la contrición, la intención de reforma y las acciones reparadoras suelen provenir de un arduo esfuerzo consciente.

Cuando entramos a considerar los impedimentos para garantizar una vida favorable la próxima vez, vemos que es difícil alcanzar el estado de ser verdaderos practicantes en cuerpo, lengua y mente. A la luz de esto resulta muy claro que este valioso sistema que sostiene la vida humana que ya hemos logrado es difícil de ganar y por tanto debe ser usado sabiamente.

LA NECESIDAD DE
PRACTICAR AHORA

Ya que este cuerpo de oportunidad y ocio totales
Fue muy difícil de obtener, y una vez obtenido
Será muy difícil de volver a tener,
Tiene sentido esforzarse en la práctica.

—ATISHA

Aprecia cuán rara y llena de posibilidades es tu situación en el mundo, regocíjate en ello y úsala para tu mejor provecho. En este contexto puedes poner tu inteligencia analítica a trabajar para disminuir las causas del sufrimiento —los tres venenos de la lujuria, el odio y la ignorancia. Gradualmente, con el transcurso del tiempo, puedes irte librando de todas las emociones destructivas y puedes adiestrarte en actitudes y hechos altruistas. Como dijo Shura, el erudito-yogui indio:

La vida humana es una corriente de buenas cualidades, mejor que una joya que concede deseos. Habiéndola alcanzado, ¿quién la malgastará?

Todo el mundo quiere la felicidad y no quiere sufrir, y la felicidad y el sufrimiento dependen de la virtud y de la no virtud, respectivamente. Las emociones destructivas hacen a la mente desordenada e infeliz; en la medida en que estas emociones contraproducentes disminuyen, la mente es más feliz, se siente más a gusto. De aquí que la clave de la felicidad es que la mente esté controlada. Esto significa que dominar la mente es una práctica transformadora. Yo la veo de este modo:

En este mundo hay más de seis mil millones de humanos, cada uno de los cuales quiere la felicidad, no el sufrimiento. Entre ellos, hay tres grupos: los que aceptan la práctica transformadora, los que niegan su valor y la evitan, y los que ni la aceptan ni la rechazan. ¿Qué personas son más felices, los que la aceptan o los que la rechazan? Me parece a mí que aquellos que rechazan la práctica transformadora no ven por lo general las emociones destructivas como problemáticas; más bien ven la lujuria y el odio como tóxicos y se permiten enturbiarse con esas actitudes. Los que aceptan la práctica transformadora, y el budismo en particular, ven la lujuria y el odio como emociones que deben evitarse, en consecuencia, la mayor parte de ellos son más apacibles.

Es por esto que es necesario practicar. Dado que estamos dotados de extraordinarias cualidades que nos capacitan para practicar, debemos hacerlo ahora mismo porque no hay garantía de que tengamos tal situación en una vida futura. Como dice Songkapa:

Debes pensar, «Día y noche haré buen uso de este cuerpo mío, que es el hogar de la enfermedad, base para los sufrimientos de la ancianidad y que carece de sustancia como una burbuja».

EL USO INTELIGENTE DE
ESTA VIDA

Como hemos visto, las doctrinas y prácticas budistas exigen la reflexión analítica. Afortunadamente, como humanos tenemos una tremenda capacidad para pensar. Asistidos por poderosos análisis, podemos generar el altruismo que tiene un alcance inmensurable.

A fin de desarrollar una intención altruista debemos, en primer lugar, identificar la iluminación misma. Hacemos esto al entender que las mentes de todos los seres pensantes carecen de existencia intrínseca, lo cual conduce a una conciencia de que el concepto mismo de existencia intrínseca es erróneo en sí mismo. La naturaleza básica de los seres sensibles es la capacidad para la iluminación que llamamos naturaleza-Buda.

Para entender que todos los seres sensibles poseen el fundamento para llegar a la iluminación, necesitas de la sabiduría analítica. Primero debes comprender que todos tus problemas parten del punto de vista equivocado que tienes de ti mismo, de los demás y de todas las cosas tal como existen en sí mismas y de sí mismas. Cuando reconoces que esto es un error, te das cuenta de que puedes llegar a ser un iluminado, después de lo cual puedes extender esta comprensión a todos los seres sensibles. Esto echa las bases para cultivar el deseo de ayudar a todos a alcanzar la iluminación.

Sin sabiduría analítica no puede lograrse el altruismo. Si te faltara, te verás atrapado en el vaivén de la continua distracción. Si la posees, podrás engendrar una poderosa aspiración a ayudar a otros mediante el alcance de tu propia iluminación. También podrás darte cuenta de que los fenómenos parece que existen sólidamente en sí y de sí mismos, cuando no es así. Es por esto que los grandes adeptos budistas a través de los tiempos han enfatizado que la vida humana que ya hemos alcanzado es tan importante.

Asistidos por la sabiduría podemos lograr un elevado desarrollo espiritual. Cuando reflexionas que, basados en esto, seres tales como Nagarjuna alcanzaron un gran progreso, verás que no hay razón por la cual tú no puedas alcanzar lo mismo. Este aliento es decisivo.

Contemplación

Reflexiona:

1. Actualmente tienes una situación muy afortunada porque estás libre de obstáculos que te impidan tu práctica religiosa y posees muchos atributos favorables que te capacitan para alcanzar un elevado desarrollo espiritual.

2. Esta situación es rara.

3. Alcanzar esta situación en una próxima vida exige fundamentalmente un comportamiento moral, practicar la generosidad y otras virtudes semejantes y orientar sus efectos hacia el renacer en una vida humana bien dotada.

4. Los malos efectos de una acción no virtuosa pueden ser mitigados de cuatro maneras: revelándola, arrepintiéndote de haberla hecho, teniendo la intención de no volver a hacerla en el futuro y dedicándote a realizar acciones virtuosas tales como el servicio público.

5. Las acciones virtuosas deben ser realizadas preparando de antemano una buena motivación, deben ser bien ejecutadas y, al concluirlas, la fuerza que se derive de ellas debe ser orientada hacia la iluminación altruista, sin ningún remordimiento.

6. Es importante adquirir un sentimiento de rechazo por las emociones destructivas.

7. Piensa para ti: *Día y noche haré buen uso de este cuerpo mío, que es el hogar de la enfermedad y la base para los sufrimientos de la ancianidad, y que carece de sustancia como una burbuja.*

8

A sabiendas de que vas a morir

No existe un lugar para vivir a salvo de la muerte.
Ni en el espacio, ni en el mar,
ni si permaneces en medio de las montañas.

—BUDA

A fin de contrarrestar la noción errónea de que esta vida es permanente, Buda enseñó la meditación sobre la muerte. La razón principal por la que hizo esto puede entenderse al considerar lo que sucede cuando uno no está consciente de la muerte. La mayoría de las personas en este mundo que provocan problemas, que arruinan sus vidas y las de otros, tienen una idea firme y equivocada de la permanencia. Creyendo que ellos, sus parientes y sus amigos estarán presentes durante mucho tiempo y pensando que su propia felicidad puede ser estable y permanente, se concentran en promover este sentimiento a expensas de los sentimientos de otras personas y dedicándose a muchas actividades que acarrean la ruina de otros y la de ellos mismos.

La suposición de que vamos a estar aquí mucho tiempo, como si fuéramos permanentes, mina tanto nuestro ego como el de los demás al crear ideas y empeños contraproducentes. La responsabilidad de esta actitud descansa solamente en nuestra visión errónea de la permanencia, en no estar conscientes de la muerte. Si te mantienes consciente de que tu propia muerte puede ocurrir en cualquier momento, no incurrirás en tantos problemas. La conciencia de que tu propia muerte es inevitable, te llevará a pensar en la existencia de una vida futura. Aun si sólo sospechas que la hay, te interesarás en la calidad de esa vida y a lo que podría asemejarse. Esto te llevará a pensar en el karma —la causa y el efecto de las acciones— haciendo que te abstengas de escoger actividades de naturaleza lesiva y te animará a dedicarte a actividades que sean benéficas. Esta actitud en sí misma le prestará a tu vida un sentido positivo.

Además, si evitas la mera mención de la muerte como si nunca pudiera alcanzarte, luego, el día en que la muerte llega, puedes atemorizarte y sentirte incómodo. Sin embargo, si contemplas el hecho de que la muerte es algo que sucede naturalmente, esto puede que resulte de gran ayuda. Cuando llegas a familiarizarte con la muerte, puedes hacer tus preparativos para morir y decidir lo que debes hacer con tu mente en ese momento. Luego, el día en que tus preparativos se cumplan; pensarás, «ah, la muerte ha llegado», y actuarás como habías planeado, libre de temor.

INMINENCIA DE LA MUERTE

Ahora es el tiempo de diferenciarte
de los animales domesticados.

—EL GRAN YOGUI TIBETANO
JANGCHUP RINCHEN

La meditación sobre la inminencia de la muerte tiene lugar por medio de tres reflexiones raigales, cada una de las cuales se basa en tres razones conducentes a una decisión. He aquí el resumen, seguido por una explicación paso por paso.

Primera raíz: Contemplación de que la muerte es inevitable

1. porque la muerte no puede evitarse.
2. porque nuestro período de vida no puede extenderse y se hace cada vez más breve.
3. porque incluso cuando estamos vivos hay poco tiempo para practicar.

PRIMERA DECISIÓN: DEBO PRACTICAR.

Segunda raíz: Contemplación de que la muerte es incierta

4. porque nuestro período de vida en este mundo es indefinido.

5. porque las causas de la muerte son muchas y las causas de la vida son pocas.

6. porque la hora de la muerte es desconocida debido a la fragilidad del cuerpo.

Segunda decisión: Debo practicar ahora.

Tercera raíz: Contemplación de que a la hora de la muerte nada ayuda excepto la práctica transformadora

7. porque a la hora de la muerte nuestros amigos no sirven de nada.

8. porque a la hora de la muerte nuestra riqueza no sirve de nada.

9. porque a la hora de la muerte nuestro cuerpo no sirve de nada.

Tercera decisión: Practicaré el desapego a todas las cosas maravillosas de esta vida.

La muerte es inevitable

Un vez que algo se produce, ya sea un objeto en el mundo exterior o un ser viviente en él, éste se mueve gradualmente hacia la destrucción. Según algunos cosmólogos, han pasado veinticinco mil millones de años desde la gran explosión inicial, la explosión cataclísmica que dio lugar a nuestro universo; otros dicen que doce mil millones, en tanto otros estiman que entre diecisiete y dieciocho mil millones de años. En cualquier caso, hubo un comienzo para este universo y, en consecuencia, es seguro que en algún momento llegará a su fin. Incluso las montañas que han estado aquí durante millones de años sufren constantemente de la erosión y, del mismo modo, los seres vivientes de este mundo, que son mucho más frágiles que las montañas, se mueven inexorablemente hacia la muerte en cada momento.

Nuestros cuerpos dependen de una serie de condiciones tan complicadas que incluso una pequeña desviación puede crear un problema. Si nuestros cuerpos sólo estuvieran llenos de fluidos, eso sería una cosa, pero el cuerpo humano es extremadamente complejo; cada uno de nuestros cinco órganos principales —corazón, pulmones, hígado, baso y riñones— depende de su respectivo sistema, que, si se desequilibra, puede causar problemas. En relación con los objetos sólidos, nuestros cuerpos son frágiles y exigen un mantenimiento continuo.

Aunque los humanos han existido en este mundo aproximadamente un millón de años, nadie ha tenido éxito en evitar el destino de la muerte, y nadie lo tendrá. La muerte es inevitable. Como dijo Buda:

> Las variedades de las vidas en el mundo son impermanentes como las nubes de otoño.
> El nacimiento y el muerte de los seres son como presenciar una danza.
> El paso de la vida es como el de un relámpago en la oscuridad.
> Se mueve velozmente, como una catarata.

La certeza de morir nos lleva a dedicarnos a la práctica espiritual.

La hora de la muerte es incierta

Todos sabemos en lo más profundo de nuestras conciencias que moriremos, pero nos mantenemos creyendo que no sucederá durante mucho tiempo. Hasta en el mismo momento de morir, pensamos que no ocurrirá por un cierto tiempo todavía. Esta actitud nos lleva a postergar el gran objetivo de la auténtica felicidad duradera.

Puesto que la ilusión de la permanencia fomenta el aplazamiento, es vital que reflexionemos repetidamente en el hecho de que la muerte podría llegar en cualquier momento. Nuestras vidas son frágiles y hasta las cosas que usualmente sostienen la vida, tales como medicinas y automóviles, pueden convertirse en causas de muerte. Como dice Nagarjuna en su *Preciosa guirnalda de consejos*:

Vives en medio de las causas de la muerte
como una lámpara frente a un vendaval.

La fragilidad de la vida nos exige tomar la decisión de dedicarnos ahora mismo a la práctica espiritual. La religión no es física. Aunque las acciones virtuosas, tanto físicas como verbales, son importantes; la religión es un asunto de transformación mental. Esto no significa entender algo nuevo, sino empapar tu continuo proceso mental con este conocimiento a fin de domeñar tu mente rebelde y ponerla al servicio de la virtud. Esto significa que debes practicar ahora. Si haces todo lo que puedas en la actual coyuntura para transformar tu mente, luego ni la enfermedad ni el dolor cuando estés muriendo perturbarán la firme sensación de paz que llevas dentro, sólida como una montaña y profundamente arraigada en tu mente.

En la muerte nada ayuda, excepto el haber practicado

La práctica religiosa con éxito es fundamental. Si tomamos en consideración cómo solemos malgastar nuestros días, la mayoría de nosotros sólo practica un poco, musitando unos pocos mantras y, si nos viene bien, pensamos un poquito en «todos los seres sensibles»; pero si sufrimos la menor alteración, peleamos con otros, los engañamos y perdemos de vista nuestras aspiraciones espirituales. Esta suerte de actividad esporádica no es una práctica auténtica porque es incapaz de influir en las situaciones más intensas. Al sobrevalorar nuestra comodidad temporal, perdemos de vista el objetivo a largo alcance.

En Lasa, la capital del Tíbet, una persona que venía andando se tropezó con un tipo que estaba sentado meditanto y le preguntó: «¿Qué haces?» «Medito en la paciencia», fue la respuesta. Luego el hombre le dijo, «¡entonces come mierda!». El que meditaba le respondió airado, «¡come mierda TÚ!». El meditador no pudo resistir ni la más mínima provocación.

Cuando las cosas van bien, resulta fácil asumir la experiencia externa de la calma a través de la meditación, pero la más ligera contrariedad en el ambiente pone al descubierto cuán superficiales son nuestros esfuerzos. Si aún estando bien nuestra práctica no es efectiva en tiempos de necesidad, será muy difícil que lo sea a la hora de la muerte. Es por esto que es necesario practicar de tal manera que estés preparado.

No obstante, el esfuerzo persistente a lo largo de meses y años puede llegar a afectar tu punto de vista, perspectiva y actitudes. A veces encontrarás que aunque tu cuerpo es esencialmente el mismo, tu mente ha sufrido un cambio profundo. Después de esta transformación, no importa qué circunstancias desfavorables se presenten, estos acontecimientos servirán para edificar el carácter, desarrollar tu práctica espiritual y acelerar tu avance hacia la iluminación. En este momento, eres un auténtico practicante.

Las dos prácticas espirituales esenciales son el altruismo y la visión de la vacuidad, o la originación dependiente. Cuando llegas a experimentarlas en algún grado, estas perspectivas se convertirán en amigos fieles y en inquebrantables protectores.

Estas actitudes ayudan desde el momento actual hasta la muerte. Haz, pues, de estas prácticas la raíz y la esencia de tu vida. Esto requiere tomar la decisión de renunciar al apego a las cosas que realmente son superficiales y fugaces. No caer bajo la influencia de la pereza que posterga, sino practicar tan bien como puedas, éste es el camino.

ACLARACIÓN DE NOCIONES ERRÓNEAS

En 1954, viajé a Pekín para reunirme con Mao Zedong. Durante nuestra última reunión en 1955, me dijo, «la religión es un veneno por dos razones. La primera es que perjudica el desarrollo de la nación. La segunda es que disminuye la población». Su idea era que cuando muchas personas se hacían monjes, se reducía el número de nacimientos. ¡Visto retrospectivamente, podemos decir ahora que más monjes es lo que China necesitaba para reducir su superpoblación! Mao simplemente no entendía lo que significa la religión.

A veces, cuando la gente llega a aceptar que podrían morir en cualquier momento, extraen la conclusión errónea de que planificar para esta vida es inútil y, en consecuencia, no llevan a cabo nada. Sin embargo, éste no es el punto; solo debemos poner menos énfasis en nuestra propia felicidad, en vivir más, en acumular cada vez más riqueza, en construir una casa más grande de lo que realmente necesitamos y otras cosas por el estilo. Más bien debemos dedicarnos a actividades en favor del bienestar de la sociedad como un todo, tales como la construcción de escuelas, hospitales y fábricas; debemos basar nuestras vidas en un fin altruista.

Reflexiona, por ejemplo, en lo que Dromton, un discípulo tibetano de Atisha, hizo en el siglo XI. Aunque él había realizado la totalidad de las prácticas para convertirse en un iluminado, construyó un templo en Rato, en el Tíbet central; no se sentó a pensar, «ay, Dios mío, podría morirme hoy». Del mismo modo, a principios del siglo XV, Songkapa no sólo construyó la Universidad Monástica de Ganden, sino que una vez que la hubo construido le aconsejó a su discípulo Jamyang Chojay que edificara una institución académica semejante cerca de Lasa, llamada Drepung, y le aconsejó a Jamchen Chojay, otro estudiante, que construyera otra —a la que llamó Sera— en el otro extremo de Lasa. Todos ellos emprendieron grandes proyectos para promover el bienestar de la sociedad por centenares e incluso millares de años.

De manera semejante, el primer Dalai Lama, Gendun Drup, un erudito con grandes conocimientos y un adepto perfecto, un verdadero bodisatva, decidió construir una universidad monástica llamada Trashi Lhunpo en el Tíbet occidental. Temprano por la mañana, solía él dictar clases sobre textos importantes y luego encomendaba a sus varios alumnos que visitaran a individuos en esa zona con el fin de recaudar donaciones para construir el monasterio. Él mismo dirigía a los obreros de la construcción y participaba activamente en todo: enseñando, escribiendo libros, recaudando donaciones y construyendo. No realizó estos esfuerzos por su bienestar particular, sino por el bien de la sociedad: él era un simple monje, que no poseía nada, pero se dedicó a muchas actividades por el bienestar, a largo plazo, de otras personas.

Nosotros, por otra parte, con frecuencia tenemos una mentalidad muy cerrada. Cuando se nos pide que hagamos algo por la sociedad, nos retraemos, arguyendo falta de tiempo o impermanencia, pero cuando se trata de nuestro propio bienestar, si ello conlleva más dinero, un mejor lugar donde vivir o algo semejante, nos olvidamos de la impermanencia. Todos debemos preocuparnos de esto y de examinar nuestras vidas para ver si esto es lo que hacemos.

CONSEJO PARA EL DÍA
DE LA MUERTE

Todos vamos a morir, de manera que debemos contemplar el tipo de actitud que tendremos cuando estemos agonizando. Si durante el curso de nuestra vida te has llegado a acostumbrar a las actitudes virtuosas, entonces mediante la familiarización serás capaz de mostrar una actitud virtuosa a la hora de la muerte. Puede ayudarte a recordar esto el que coloques una imagen religiosa cerca de tu cama o que un amigo te lo recuerde. Si, por el contrario, has acumulado muchas no virtudes durante el curso de tu vida, es decisivo que cerca del fin adquieras un firme sentido de contrición por lo que has hecho. Esto hará más probable que renazcas en una vida favorable.

Si, por el contrario, pese a haberte dedicado a muchas obras virtuosas durante tu vida, cerca de la hora de tu muerte adquieres la lujuria o el odio, hay peligro de que eso llegue a influir adversamente en tu renacer. Debes cuidarte de tu actitud en esa hora, procurando morir con tranquilidad mental dentro de una actitud de compasión, amor, fe u otras perspectivas virtuosas. Cuando alguien que conozcas esté agonizando, ten cuidado de no perturbar a esa persona con nada que provoque ira o deseo.

Contemplación

Reflexiona:

1. La ilusión de la permanencia, o de ser inconsciente de la muerte, crea la idea contraproducente de que estarás aquí durante mucho tiempo; esto, a su vez, conduce a actividades que te afectan negativamente a ti a otros.

2. La conciencia de la muerte te lleva a pensar en la posibilidad de una vida futura y te hace interesarte en la calidad de esa vida, promueve actividades útiles a largo plazo y disminuye la dedicación a lo meramente superficial.

3. Para apreciar la inminencia de la muerte, piensa profundamente en las implicaciones de las tres raíces y las tres decisiones:

Primera raíz: Contemplación de que la muerte es inevitable.

1. porque la muerte no puede evitarse.

2. porque nuestro período de vida no puede extenderse y se hace cada vez más breve.

3. porque incluso cuando estamos vivos hay poco tiempo para practicar.

PRIMERA DECISIÓN: DEBO PRACTICAR

Segunda raíz: Contemplación de que la muerte es incierta

4. porque nuestro período de vida en este mundo es indefinido.

5. porque las causas de la muerte son muchas y las causas de la vida son pocas.

6. porque la hora de la muerte es desconocida debido a la fragilidad del cuerpo.

SEGUNDA DECISIÓN: DEBO PRACTICAR AHORA

Tercera raíz: Contemplación de que a la hora de la muerte nada sirve excepto la práctica transformadora.

7. porque a la hora de la muerte nuestros amigos no sirven de nada.

8. porque a la hora de la muerte nuestra riqueza no sirve de nada.

9. porque a la hora de la muerte nuestro cuerpo no sirve de nada.

TERCERA DECISIÓN: PRACTICARÉ EL DESAPEGO A TODAS
LAS COSAS MARAVILLOSAS DE ESTA VIDA.

4. Cerciórate de no adquirir ningún intenso sentimiento
   de lujuria o de odio cerca de la hora de tu muerte, puesto
   que esto podría influir adversamente en tu renacer.

5. Si te hubieras dedicado a muchas no virtudes durante
   tu vida, es importante que en la proximidad del fin adquieras una viva contrición por lo que has hecho; esto te
   ayudará en tu próxima vida.

9

Reflexión sobre las vidas futuras

Si no hay límites
para este océano de sufrimiento,
OH, pueril, ¿por qué, mientras te hundes en él,
no te preocupas?

—ARYADEVA,

CUATROCIENTAS ESTROFAS

Todos tenemos que morir, por esto comienza el proceso que conduce a la próxima vida. Debes pensar qué será lo que hay después de la muerte. Si morir fuera como un árbol o una flor que se secan, no importaría, pero no es como eso. Si piensas realmente en cómo será después de la muerte, te ocuparías de actuar de manera que repercuta favorablemente en tu próxima vida.

Debes contemplar tanto el que debes morir como en lo que te espera en la próxima vida. Cuando hayas hecho eso, le prestarás atención a los aspectos más profundos de la vida; te concentrarás en las maneras en que funciona el karma: los modos en que tus propias acciones producen efectos específicos. Cuando reconozcas que hay una vida futura, decidirás que es importante, y en un rincón de tu mente comenzarás a hacer preparativos para ese tiempo.

¿QUÉ SUCEDE DESPUÉS DE LA MUERTE?

Cuando consideramos lo que ocurre después de la muerte, nos metemos en grandes complicaciones. Durante miles de años la gente se ha preguntado si hay o no una vida futura. Algunos creen que la conciencia surge dependiente del cuerpo y, por tanto, cuando el cuerpo muere, la continuidad de la conciencia también llega a su fin. Otros creen que la mente o el alma emprende un viaje al cielo o al infierno. Otros incluso —por ejemplo en ciertos sistemas no budistas de la India— sostienen que el ego es independiente del complejo mente-cuerpo, el cual se descarta para asumir un nuevo cuerpo al renacer.

Los budistas afirman que el ego siempre renace y se establece en dependencia del complejo mente-cuerpo durante una vida determinada. Este ego, persona o «yo» se basa fundamentalmente en un flujo continuo de la conciencia individual. Un ser humano en particular se organiza, o se designa, en dependencia a un complejo mente-cuerpo, el núcleo del cual es un proceso continuo de conciencia humana.

¿Surge esta conciencia de las neuronas del cerebro o de algo más? Si pudiera establecerse con certeza que la conciencia surge del cerebro, sería difícil afirmar la existencia de vidas anteriores o futuras. Sin embargo, puesto que existen personas cuyos recuerdos de vidas anteriores se han verificado, debemos tomar esto en cuenta de alguna manera. Los científicos deben prestarle atención a este tema. ¡Aun si comenzaran ahora mismo, es probable que tendrían que estar investigando hasta bien entrado el siglo XXII!

En cualquier caso, basándonos en nuestra propia experiencia podemos ver claramente que muchos tipos de conciencia surgen en función de órganos físicos tales como el cerebro. Por ejemplo, es obvio que la conciencia sensorial depende de nuestros ojos, oídos, nariz, lengua y cuerpo. Los textos budistas mismos dicen que los órganos de los sentidos crean las condiciones de la conciencia sensorial al proporcionar los receptores para los colores y las formas, los sonidos, los olores, los gustos y las texturas, tales como la suavidad.

Así como las cosas materiales tales como nuestros cuerpos dependen de sus propias causas y condiciones, así la conciencia misma depende de sus respectivas causas y condiciones, lo cual significa que tiene que haber un proceso continuo de causas para su propio tipo de identidad. Las partículas del cuerpo provienen del material genético proporcionado por los padres, la esperma y el óvulo, los cuales en sí mismos provienen del material proporcionado por sus padres, y así en una cadena que se remonta a los organismos primitivos, los primeros de los cuales vivieron aproximadamente hace mil millones de años. El continuo proceso causal de nuestros cuerpos puede remontarse aun más atrás a las partículas materiales en la formación de este sistema mundial. Antes de eso, los textos budistas hablan de un material muy sutil, partículas de espacio, que se mencionan en el *Kalachakra tantra* y los textos que se le asocian. Nuestros cuerpos son el resultado de este proceso continuo de partículas materiales.

De un modo semejante, la naturaleza luminosa y cognitiva de nuestra conciencia tiene que tener su propia corriente de causas esenciales a fin de llegar a existir. La materia irracional no puede hacerse consciente, aunque puede proporcionar ciertas condiciones necesarias, tales como los órganos de los sentidos (como los ojos) y objetos físicos para ser vistos (tales como un edificio gris).

Los científicos han demostrado recientemente que los cambios en el cerebro provienen de cambios ocurridos en el pensamiento. El cultivo de la compasión, por ejemplo, que produce grandes cambios en la mente, se ha visto que afecta el funcionamiento del cerebro. La conciencia no es una sola entidad; sino que es vasta y variada. Hay muchos tipos de conciencia y muchos niveles de asperezas y sutilezas. Algunos tipos de conciencia dependen del cerebro y otros no.

Los hijos de los mismos padres pueden ser bastante distintos mentalmente pese a haber tenido crianzas y educaciones semejantes. Aunque algunas diferencias sí provienen del hecho de que los cuerpos de los hijos de los mismos padres no tengan exactamente el mismo material genético, sería difícil explicar a cabalidad estas diferencias entre los hijos de los mismos padres. Los factores físicos ciertamente influyen en la claridad de la mente, la amplitud de miras y la inteligencia, pero no ofrecen el cuadro completo.

Los hábitos de vidas anteriores también podrían intervenir; podrían arrastrarse ciertas actitudes que luego afectan el flujo continuo de la mente. Si éste fuera el caso, entonces la conciencia, desde el momento inicial en el vientre de la madre, se ve afectada por predisposiciones anteriores, lo cual significa que debemos pensar que este momento inicial puede provenir del flujo mental de una vida anterior. Como dijo el gran lógico indio Darmakirti:

Ya que la no conciencia no puede ser la causa esencial de la
     conciencia,
queda establecida la ausencia de principio de la existencia
     cíclica.

Para mí, la prueba más contundente de la reencarnación proviene de los que recuerdan con precisión vidas anteriores. Tales personas confirman la existencia de vidas anteriores mediante la memoria directa, de manera que no se necesita ninguna otra prueba. En nuestra propia generación ha habido tibetanos que han recordado con detalles precisos vidas anteriores. Estoy al tanto también del caso reciente de dos niñas indias que recuerdan su vida inmediatamente anterior a ésta, así como de un niño de tres años que recuerda su vida previa con gran claridad: murió en un accidente automovilístico. Muchos de esos casos fueron investigados por el difunto profesor Ian Stevenson, de la Universidad de Virginia, quien encontró a unas cuantas personas cuyos relatos podían confirmarse, lo cual él describe en varios libros. Tal vez usted mismo se ha encontrado con niños que le han contado tales historias, las cuales usualmente son pasadas por alto, especialmente por aquellos que no aceptan el concepto de vidas anteriores. Creo que puede resultar útil investigar las historias que cuentan los niños muy pequeños.

Me parece a mí que la existencia de vidas anteriores no está determinada por si la mayoría de las personas recuerdan o no; más bien, la memoria válida de una persona indica que tales vidas pasadas son el caso para todos nosotros, recordémoslas o no. Unos cuantos conocidos míos, verdaderos practicantes, tienen recuerdos muy claros de vidas anteriores que han surgido de su práctica de la meditación.

Si el proceso de la conciencia fluye en una corriente continua, la muerte es como un cambio de ropa cuando el cuerpo actual ya no puede conservarse. Pero ¿hubo un nacimiento inicial que puso en marcha esta corriente? Si fuera así, tendría que haber habido una conciencia inicial, la cual tendría que haberse producido en un estado de inconciencia. Esto es absurdo, que es la razón por la cual los budistas dicen que el ciclo del renacer no tiene principio.

EL ORIGEN DEL SISTEMA UNIVERSAL

¿Cómo se formó la galaxia? Si fue el resultado de la gran explosión, ¿cómo se produjo ésta? Podríamos concebir que, al necesitar las causas impermanentes otras causas que las antecedan, es mejor proponer una causa inicial permanente; pero el problema con esto es que lo permanente carece de la capacidad de producir efectos impermanentes porque eso significaría que algo permanente conduce a un cambio, lo cual es imposible. Una vez más, si nos remitimos a un Dios Creador, hay que preguntarse si es permanente o impermanente, y nos quedamos con el mismo dilema, puesto que si un Dios Creador es impermanente, hay que preguntarse cuáles son sus causas. Si hay otro Dios Creador, entonces también necesitará de un Creador y así hasta el infinito. También, si un Dios Creador se propone como poseedor de una naturaleza de infinito conocimiento, simpatía y poder, eso resulta problemático, dadas las situaciones desgarradoras que con frecuencia se viven en el mundo.

Permítaseme aclarar que no estoy criticando a otras religiones; simplemente estoy transmitiendo la perspectiva budista.

Mi opinión es que el budismo se aparta de un Creador permanente y propone su propia explicación. Así como una casa es construida por una persona que es el constructor, todo el mundo según el budismo es formado por las influencias kármicas de los seres que viven en él. Nuestras propias acciones anteriores, llamadas karmas, afectan la formación de partículas materiales que en sí mismas no están compuestas de karma; los karmas de los seres vivos en el ambiente crean las condiciones que gradualmente afectan la manera en que se forman. Puesto que nuestro mundo actual no puede haber sido formado después de haber asumido nuestra vida presente, los karmas que configuran nuestro mundo deben ser de vidas pasadas, incluso a través de un largo transcurso de tiempo.

Me parece a mí que si esta perspectiva no satisface todas nuestras interrogantes, da para pensar.

CÓMO EL KARMA CONFIGURA NUESTRAS VIDAS

Así como el mundo mismo es configurado por el karma de los seres que lo habitan, algunas de tus acciones en ésta vida y en vidas anteriores determina la manera en que has de renacer. Todos nosotros nacemos con una tendencia natural a evitar el dolor físico y mental. ¿Cómo es, sin embargo, que somos arrastrados a situaciones de dolor? Se debe a que no hemos evaluado con precisión lo que produce el sufrimiento. Aunque no queremos sufrir, no sabemos lo bastante acerca de lo que causa este efecto porque no le prestamos suficiente atención. Algunos incluso cultivamos las causas del dolor: por amor a las ganancias temporales, la gente estafa a otros, o mata a muchos animales movidos por el deseo de un alimento delicioso, o comete asesinatos. Considere cuántos robos, conductas sexuales indebidas, mentiras, maledicencias, insultos y chismes insensatos existen. Estos comportamientos ejemplifican el hecho de que, aunque nadie quiere abiertamente el dolor, al no prestarle atención a sus causas nos apresuramos a incurrir con entusiasmo en acciones que lo producen —y a veces hasta el punto que es irreversible.

A fin de ver esas acciones como imperfectas y llegar a la firme determinación de contenerlas, debemos reflexionar sobre la relación entre nuestras acciones y sus frutos. Al comprender el peligro que conllevan ciertas acciones, podemos apartarnos de esos hechos. Es por esto que los textos budistas hablan acerca del sufrimiento que proviene de reencarnaciones desfavorables: para estimular el pensamiento acerca de lo que las causa.

TIPOS DE REENCARNACIÓN

Si reflexionas sobre el sufrimiento de seres en situaciones espantosas, tales como muchos animales, y te imaginas en una posición igualmente vulnerable, inmediatamente verás cuán difícil puede ser esa vida y, por tanto, cuán atroz sería reencarnar como tal. El poder de esta comprensión te motivará a cohibirte de tales acciones, o karmas, que producen ese tipo de reencarnación. (No puedes escoger dónde reencarnarás, pero tu reencarnación está dirigida por tu propio karma).

Los textos budistas hablan de las tres grandes categorías de los nacimientos desfavorables:

- Animales que padecen de muerte violenta, de limitada comunicación y capacidad de pensar y de explotación de parte de los humanos.
- Espíritus hambrientos que padecen por no poder participar del alimento y la comida debido a sus propias deformidades físicas o de daños en el medio ambiente.
- Seres infernales que padecen principalmente del calor y el frío excesivos.

La situación de los animales es obvia para nosotros, como el hecho de que muchos humanos someten a sufrimientos semejantes a los animales, los espíritus hambrientos y los seres infernales.

Para evitar reencarnar en esas situaciones atroces y lograr renacer en una situación más favorable debemos dedicarnos a la práctica moral que evita las diez no virtudes que mencionamos antes:

- Las tres principales no virtudes físicas: matar, robar y tener una conducta sexual indebida.
- Las cuatro principales no virtudes verbales: mentir, intrigar, insultar y hablar sin sentido.
- Las tres principales no virtudes mentales: codicia, intención lesiva y opinión errónea.

Para evitar exitosamente estas no virtudes, es necesario que conozcamos la diferencia entre las buenas acciones que crean efectos auspiciosos y las malas acciones que crean efectos negativos. Sin embargo, la relación más sutil entre las acciones virtuosas particulares en una vida y cómo exactamente llegarán a fructificar en una vida futura, no nos resulta evidente. Aunque algunos fenómenos ligeramente oscuros nos son accesibles mediante el razonamiento analítico, tal razonamiento no puede penetrar temas extremadamente oscuros. Estos efectos de fenómenos extremadamente oscuros son sólo del conocimiento de los budas omniscientes; aun los niveles más elevados de los bodisatvas no conocen estas sutilísimas relaciones. Tenemos que depender de la escritura, si bien cerciorándonos de que no exista contradicción dentro de las escrituras de Buda sobre un tema específico, ya explícita o implícitamente, así como que no haya ninguna contradicción con el razonamiento efectivo o la observación directa. Este triple examen de la escritura es el medio por el cual podemos determinar si un texto puede ser tomado literalmente o requiere interpretación.

Contemplación

Reflexiona:

1. Las cosas materiales tales como tu cuerpo dependen de varias causas y condiciones, lo cual significa que ha de haber un flujo continuo de causas para una entidad de esta naturaleza. El cuerpo material proviene del material proporcionado por los padres, la esperma y el óvulo, los cuales provienen del material proporcionado por sus padres, y así hasta el infinito.

2. Del mismo modo, tu conciencia depende de sus propias causas y condiciones, lo cual apunta a un proceso continuo de causas que explican la naturaleza luminosa y cognitiva de tu mente, que proviene de vidas anteriores.

3. También, dada la vasta gama de diferencias entre hijos de los mismos padres, parece probable que las predisposiciones cognitivas de vidas anteriores operen en esta vida.

4. La memoria válida de vidas anteriores confirma la existencia de estas vidas. La memoria válida de una persona indica que tales vidas fueron experimentadas por todos nosotros, recordémoslas o no.

5. No puede haber ningún comienzo en el ciclo de la reencarnación.

6. Del mismo modo que un constructor hace una casa, el mundo entero que es nuestro hábitat adquiere forma debido a las influencias kármicas de los seres que viven en él, y de sus vidas pasadas durante un largo transcurso de tiempo.

7. Tus propias acciones determinan la manera en que renacerás, así como el mundo mismo es configurado por los karmas de los seres que lo habitan.

8. Reflexiona sobre la relación de causa y efecto entre las acciones y sus frutos, y comprende las implicaciones.

9. Recuerda el sufrimiento de los seres que se encuentran en situaciones terribles, incluidos los animales, e imagínate expuesto a una situación semejante. Esto te inspirará a cohibirte de las acciones (karmas) que producen una reencarnación negativa.

10. Empéñate en evitar las diez no virtudes:
    - Las tres principales no virtudes físicas: matar, robar y tener una conducta sexual indebida.
    - Las cuatro principales no virtudes verbales: mentir, intrigar, insultar y hablar sin sentido.
    - Las tres principales no virtudes mentales: codicia, intención lesiva y opinión errónea.

10

Identificar el refugio

———————

A la deriva en el océano sin fondo de la existencia
   cíclica,
Devorado por los fieros monstruos marinos
Del apego y cosas semejantes,
¿A quién debemos acudir hoy en busca de refugio?

—Dignaga

Cuando nos encontramos frente a circunstancias desfavorables que nuestras propias técnicas no pueden vencer, nos volvemos hacia una fuente de protección en que confiamos; buscamos refugio de una situación que nosotros mismos no podemos controlar. Por ejemplo, en medio de un aguacero torrencial, nos cobijamos debajo de un techo y, cuando hace frío, nos protegemos encendiendo la calefacción; éste es el modo en que buscamos ayuda temporal. De niños, nuestro último refugio es naturalmente nuestra madre; nuestro impulso de acudir a ella es tan poderoso que más tarde en nuestra vida cuando surge una situación verdaderamente aterradora podemos incluso clamar «¡madre!».

Las muchas religiones del mundo han creado refugios semejantes en los cuales colocan su fe. Aquellas que afirman la existencia de un Dios creador encuentra su último refugio en ese Dios. Los budistas nos dirigimos a tres fuentes —conocidas como las Tres Joyas— para hallar nuestro último refugio.

EL REFUGIO BUDISTA

Para buscar refugio debemos primero estar alarmados por una situación indeseada de la que procuramos alivio. Aquí, al abordar el tema de la iluminación, nuestro interés se centra en nuestras propias emociones contraproducentes, las cuales reconocemos que son problemáticas. Buscamos protegernos de ellas, puesto que estamos en busca de una liberación de enemigos internos, un refugio temporal no basta.

En el budismo, el refugio de los que buscan liberarse de las emociones contraproducentes es triple: el Buda, que enseña el camino de la liberación; sus enseñanzas, que son la fuente real de protección; y la comunidad espiritual que nos ayuda a concebir ese refugio. A estos refugios los llamamos las Tres Joyas, porque como verdaderas joyas nos alivian de las privaciones de la existencia cíclica.

Como la convicción se torna en fuente de refugio

Si alguien busca refugio en las Tres Joyas es útil dejar sentado que existe la budeidad omnisciente. Aun si nos parece que la historia del Buda Sakiamuni en la India de hace más de 2500 años es asombrosa, no es fácil adquirir la convicción que él logró para alcanzar la perfección física y mental. Hacer este relato no basta; debemos dejar sentado que la liberación de la existencia cíclica es posible. Y para hacerlo, es necesario establecer que los medios para lograr la liberación son alcanzables; debemos adquirirla en la sabiduría no conceptual de la meditación profunda y en los estados libres de problemas que esa sabiduría nos aporta.

Cuando adquieras la convicción en estos caminos y estados que hacen la liberación una realidad, verás que buscar refugio en Buda, su doctrina y la comunidad espiritual es una verdadera posibilidad. Permíteme explicarte cómo puede adquirirse tal convicción.

Como he dicho desde el comienzo de este libro, en ponerle fin a nuestros problemas se basa la doctrina de la inidentidad, la comprensión de la vacuidad de la existencia intrínseca. En su *Tratado del camino intermedio*, Nagarjuna dice:

Cuando cesan las emociones y las acciones, hay liberación.
Las emociones y las acciones aflictivas surgen de falsas
    concepciones.

Éstas surgen de proliferaciones erróneas.
Las proliferaciones cesan en la vacuidad.

Las percepciones erróneas de la existencia intrínseca dan lugar al pensamiento erróneo, que a su vez generan las emociones lesivas de la lujuria, el odio y otras parecidas. La fuerza de estas emociones destructivas produce acciones (karmas) infectadas por ellas, y estas acciones dejan huellas en la mente que impulsan los penosos ciclos de los repetidos nacimientos. Podemos ponerle fin a la proliferación de esta ignorante comprensión de uno mismo, de los demás y de los objetos mediante el cultivo de la comprensión de la vacuidad. Cuando esta sabiduría extingue todas las emociones contraproducentes, alcanzamos la liberación de la existencia cíclica, la verdadera resolución de todos nuestros problemas.

La ignorancia es la causa de la miseria, que provoca espirales de emociones contraproducentes y problemas subalternos. Tal como lo define Aryadeva, el discípulo de Nagarjuna:

Así como las sensaciones de los sentidos dominan el
    cuerpo,
la ignorancia mora en todas las emociones aflictivas.
Por tanto, todas las emociones aflictivas se vencen
al vencer la ignorancia.

Como mencionábamos anteriormente, la «ignorancia» en este contexto no significa sólo ausencia de conocimiento acerca de la manera en que realmente existen los fenómenos, sino una activa concepción errónea: ver a las personas y las cosas como si existieran independientemente. Esta ignorancia se desarraiga mediante la comprensión de que todos los fenómenos surgen como dependientes de otros fenómenos. Aryadeva prosigue:

> Cuando se capta la originación dependiente,
> no surge la ignorancia desconcertante.
> Por tanto, con todo el empeño
> presentaré una disertación sobre esto.

La «ignorancia desconcertante» confunde la dependencia con la independencia. De aquí que el antídoto consiste en ver claramente el carácter de la relación, lo que llamamos «originación dependiente».

Cuando Nagarjuna dice que la proliferación del concepto erróneo de la existencia intrínseca cesa en la vacuidad, ¿qué es la vacuidad? Él mismo dice que significa originación dependiente:

> Explicamos que originación dependiente
> es la vacuidad.

Que en sí misma significa que se crea de manera
   dependiente.
Esto en sí es el camino intermedio.

Habiendo identificado que la verdadera naturaleza de las cosas
es que están vacías o que surgen de manera dependiente, Nagarjuna prosigue:

Puesto que no existe ningún fenómeno
que no carezca de originación dependiente,
no existe ningún fenómeno que no esté
vacío de existencia intrínseca.

Esto significa que todas las cosas surgen dependientemente y,
siguiendo las implicaciones de este hecho, uno se da cuenta de
que los fenómenos carecen de existencia intrínseca. Al utilizar
el criterio de que los fenómenos son interdependientes, llegas a
la conclusión de que los fenómenos no se establecen por su propio derecho. Y al hacer hincapié en este pensamiento a lo largo
del tiempo llegarás a tener la convicción intelectual de que realmente es así.

   Una vez que puedas establecer mediante el razonamiento
que los fenómenos no existen de la manera en que parecen, es
decir sólidamente por derecho propio, te das cuenta de que tu
percepción de que las personas y los objetos existen de por sí
desmesura su condición. Puesto que tu propia experiencia te

muestra que la interdependencia es la manera en que son las cosas, puedes decidir que las cosas no existen independientemente, adquiriendo de este modo un atisbo de la vacuidad de la existencia intrínseca.

Éste es el modo en que la contemplación racional revela la vacuidad de la existencia intrínseca. Un sabio psicólogo me dijo una vez que había llegado a la conclusión que cuando sentimos lujuria u odio, del ochenta al noventa por ciento de nuestra percepción del objeto de nuestras emociones es una exageración; él llegó a esta conclusión no por reflexionar en las sentencias de Nagarjuna, sino a partir de su propio análisis. Esto muestra que a través de una investigación no prejuiciada uno puede llegar a entender cómo el supuesto erróneo de que los fenómenos existen independientemente, por derecho propio, sirve de fundamento a la lujuria y al odio.

Cuando te encuentres presa de intensas emociones aflictivas, examina si esa persona o cosa que deseas u odias tanto realmente existe tal como parece. Verás que esta apariencia conlleva una exageración y, cuando lo hayas hecho, tu emoción destructiva edificada sobre esa percepción errónea se marchitará, como si fuera de vergüenza.

Cuando no te enfrentas a las apariencias, sino que te avienes a ellas y crees que una persona —o un objeto— es completamente buena o mala de pies a cabeza, esto te lleva a desearla en todos los aspectos o a sentir un intenso odio por ella. En esos momentos te pronuncias drásticamente, diciendo cosas tales como «¡Es horroroso!», «¡Ella es realmente atroz!», «¡Él es estupendo!», «¡Ella es fantástica!». Sin embargo, cuando empiezas a examinar este grado de extrema bondad o maldad que parece ser intrínseco a la persona, simplemente no existe, la emoción que se edifica sobre esa exageración desaparece, como si viera el error que hemos cometido y se retrajera.

Permíteme contar una historia. Una vez, cuando Ling Rinpochay, mi tutor principal, se encontraba todavía en el Tíbet, antes de la invasión china, quería que le laquearan una mesa y, en consecuencia, le pidió a su asistente que se la llevara a un artesano chino que vivía en Lasa. Cuando el asistente llegó a la tienda, el artesano estaba sentado con una taza de té rota en la mano contemplándola y suspirando, y le dijo al asistente que poco antes se había enojado y había tirado la taza y la había roto. O bien había visto la taza como cien por ciento atroz y la estrelló contra el piso, o había visto a un cliente de su tienda como alguien cien por ciento odioso y rompió la taza para satisfacer su ira. Ahora que el momento de la cólera se le había pasado, volvía a ver la taza como una hermosa pieza de antigüedad, por eso la sostenía en la mano y suspiraba. Su retorcida perspectiva se había deshecho.

En situaciones semejantes a ésta puedes ver claramente que la lujuria y el odio se basan en avenirse a la apariencia de tales bondades o maldades como si existieran verdadera y objetivamente en esas personas y objetos. Esto no significa que el bien y el mal, lo favorable y lo desfavorable, no existan, porque sí existen; significa que estas cualidades no existen independientemente, de la manera en que le parece a una mente lujuriosa o cargada de odio.

Utilizando este proceso de análisis, puedes ver que las emociones aflictivas se basan en una concepción errónea, en la ignorancia de la manera en que las cosas son realmente. Como dice Aryadeva:

> Así como las sensaciones de los sentidos dominan el
> cuerpo,
> la ignorancia mora en todas las emociones aflictivas.

Entiende que la lujuria y el odio son actitudes erróneas, y que su raíz, la concepción ignorante de que los fenómenos existen independientemente, por derecho propio, es también errónea. No tiene ningún fundamento válido. A partir de aquí entenderás la sabiduría de darte cuenta de que todo tiene un origen dependiente. En la medida en que cultives este conocimiento, cada vez más, esta convicción te tornará, de manera natural, cada vez más fuerte y encontrarás que eres cada vez menos susceptible de sentimientos de lujuria y de odio.

Este proceso muestra cómo, a través del análisis, puedes ir produciendo gradualmente un cambio de actitud y, finalmente, una transformación mental. A través de esta ruta puede acrecentar la convicción en lo que realmente puede protegerte, en lo que realmente es una fuente de refugio. Puedes adquirir un sentido, o un pálpito, de que la iluminación es posible, porque si bien los atributos físicos no se pueden desarrollar ilimitadamente por la sencilla razón de que dependen del cuerpo, las cualidades mentales parten de un fundamento estable en la mente, la cual se desarrolla de continuo. Si esas cualidades mentales se fundamentan en una cognición válida, pueden desarrollarse en un estado ilimitado.

Cuatro autoridades

Según la orden sakia del budismo tibetano, las *escrituras válidas* de Buda inspiraron los *comentarios válidos* de sus palabras. Luego, en el transcurso de las edades, los que practicaron y llegaron a comprender plenamente el significado de las palabras de Buda y los comentarios sobre ellas se convirtieron en *gurús* válidos que enseñaban esos temas y, basándose en sus explicaciones, sus discípulos dieron lugar a la *experiencia válida.*

Aunque estas cuatro valideces aparecieron en este orden, para que nosotros lleguemos a cerciorarnos de ellas debemos generar primero *experiencia válida,* en cuyo punto sabremos que esta experiencia beneficiosa parte de las enseñanzas de *gurús válidos* de quienes adquirimos por consiguiente una verdadera creencia. Luego de conocer las prácticas de los gurús, por ejemplo el *Tratado fundamental del camino intermedio,* llegamos a considerar el texto de Nagarjuna como un *comentario válido* y, puesto que el tratado se deriva de las enseñanzas de Buda, podemos adquirir la convicción en las *escrituras válidas*. Así, pues, en lo que respecta a nuestra propia confirmación de las cuatro autoridades, la secuencia se deriva a partir de la experiencia válida.

Me parece a mí que existen dos tipos de experiencia válida, la superior y la inferior. Aquellos que se encuentran en un nivel elevado de experiencia espiritual se han adiestrado, por ejemplo, en la intención altruista para llegar a ser iluminados, hasta tal punto que su deseo de alcanzar la budeidad por amor a los demás es genuino, sin artificio alguno; son los que también perciben la vacuidad con una incontrovertible inferencia o incluso con percepción directa; y han desarrollado la concentración meditativa hasta el punto de convertirse en clarividentes y generar milagros. Nosotros, sin embargo, seres de un nivel inferior, no poseemos ahora esas cualidades. No obstante, podríamos tener un vivo interés en la práctica del amor y la compasión que de manera eficaz anime nuestro punto de vista cuando lleguemos a estar deprimidos y desalentados en situaciones de las que nos enorgullecíamos. Incluso este nivel inferior de logro puede ser asombrosamente benéfico.

De manera semejante, aun si no hemos generado una autentica comprensión del concepto de la vacuidad, el reflexionar sobre la originación dependiente y la vacuidad engendra algún entendimiento, el cual es útil para la vida diaria. Lo mismo es cierto para desarrollar la convicción en la causa y el efecto del karma. Por ejemplo, cuando al tropezar con una circunstancia difícil en el curso de la vida cotidiana consideras que se trata de un efecto de acciones anteriores que debes enfrentar, esto te librará de caer en un pozo de desaliento, de perder la esperanza de ser capaz de resistirla. O, si reflexionas sobre el sufrimiento que parte de las emociones aflictivas, verás que una vez que caes bajo la influencia de la ignorancia no hay modo de evitar completamente tales problemas. Si enfrentas dificultades internas o externas, pensarás: «Ésta es la naturaleza de la existencia cíclica» y no recurrirás a acciones drásticas y contraproducentes, tales como el suicidio.

Una vez que puedas confirmar que nuestro propio nivel de experiencia del altruismo es verdaderamente útil, también podemos tener una idea bastante acertada de cuán asombrosamente beneficioso debe ser desarrollar el altruismo hasta el punto donde fluya naturalmente. Del mismo modo, una vez que confirmemos que incluso la experiencia de la originación dependiente y de la vacuidad en el nivel inferior puede ser de tanta ayuda, podemos vislumbrar lo que podría ser posible en un nivel superior. Aun con este nivel inferior de *experiencia válida* podemos determinar que hay *gurús válidos*, lo cual nos lleva a entender que hay *comentarios válidos* a las enseñanzas de Buda, las cuales son las *escrituras válidas*. Y basándonos en estas cuatro valideces, podemos adquirir un nivel de convicción en la budeidad como un estado que incluye una profunda y vasta perfección mental y física.

Eso me parece a mí que es un buen método para abordar la identificación de los objetos de refugio: Buda, su doctrina y la comunidad espiritual. Al reflexionar sobre la originación dependiente y la vacuidad, puedes comprender que existe tal cosa como un estado mental puro y que puedes vislumbrar las convicciones espirituales que se desprenden de tal estado de pureza (la doctrina comprendida). A partir de esto entiendes que existen aquellos que han alcanzado niveles que conllevan la comprensión de tal pureza (la comunidad espiritual), así como aquellos que han llevado este proceso de desarrollo espiritual a la perfección (los budas). Cuando esto te resulte claro en tu mente, verás la racionalidad de volverse al Buda, a su doctrina y a la comunidad espiritual en busca de refugio.

La compasión de Buda

¿Por qué el Buda Sakiamuni es tenido en tal alta estima? Al desarrollar una gran compasión hasta un estado ilimitado, con simpatía hacia un número infinito de seres sensibles, que es como el sentimiento de una madre por sus propios hijitos, él reveló una ilimitada intención de ayudar a todos los seres a vencer todos los obstáculos para alcanzar la felicidad, y avanzó a través de los eones a fin de lograr el mayor beneficio para otros. En la culminación de su carrera, pudo alcanzar la comprensión total y eliminó todas las obstrucciones a su propio intelecto, tan sólo por medio de asistir a los demás a alcanzar el mismo estado. Es por esto que es adecuado acudir a él en busca de refugio.

Como dice Dignaga, el erudito indio de lógica budista del siglo VI:

> Honra al que se ha convertido en autoridad,
> al que se ha dado a la tarea de beneficiar a otros seres,
> el Maestro, el que ha partido hacia la dicha, el Protector.

La razón por la que Buda es autoritativo es que, a partir de un deseo de ayudar a otros, él completó su adiestramiento en la compasión. Puesto que una actitud altruista no basta por sí sola, él se familiarizó con la sabiduría de comprender la inidentidad, realizando las prácticas para vencer los obstáculos y adquirir la comprensión total, por lo cual se convirtió en un protector auténtico y sin igual.

Nagarjuna habla también de la cualidad fundamental, y Chandrakirti dice al comienzo de su *Introducción al camino intermedio*:

> La compasión en sí misma ha de verse como
> la simiente de una rica cosecha, el agua para crecer,
> y el estado maduro de un extenso disfrute.
> Por tanto, al empezar yo alabo la compasión.

De este modo, algunos grandes maestros indios citan el desarrollo de la compasión del Buda Sakiamuni hasta un estado ilimitado como la razón última por la cual a él se le confiere tan altísima valoración.

El refugiarse

Según el Gran Vehículo, uno busca refugio de este modo:

> Al tomar tu propia situación como un ejemplo, contemplas el hecho de que, pese a que todos los seres sensibles a través del espacio anhelan la felicidad y no quieren sufrir, todos han venido a caer bajo la influencia del sufrimiento, y al procurar tu propia iluminación plena como un Buda omnisciente a fin de ayudarlos, te diriges a las tres joyas en busca de refugio.

Puedes contribuir a que este proceso se adelante meditando y repitiendo las siguientes palabras:

> Al Buda, a la doctrina y a la suprema de las
>   comunidades
> acudo por refugio hasta hallar la iluminación.
> A través del mérito de dar y otras tareas similares que
>   realizo
> puedo lograr la budeidad a fin de ayudar a los seres a
>   transmigrar.

Advierte que la primera persona (el «yo» aunque omitido) aparece tres veces. Cuando repitas la estrofa, piensa en la naturaleza del «yo». No hay ningún «yo» que pueda señalarse como una entidad separada del complejo mente-cuerpo; no sólo eso, sino también que si piensas cuidadosamente al respecto, un «yo» separado de la mente y del cuerpo conllevaría muchas contradicciones. Además, nuestra propia experiencia muestra que no existe tal «yo». Aun si a nuestra mente puede parecerle que hay un «yo» que está dentro de la mente y del cuerpo, pero que es el controlador de ambos como el jefe de un equipo entre los miembros del mismo, eso tampoco existe. Por tanto, en suma, el «yo» no puede encontrarse cuando lo sometemos a una investigación, y no obstante es innegable que existe, cuando consideramos el ego y el otro; de aquí que el ego, o el «yo», se establece simplemente como un concepto que depende de la mente y el cuerpo. Si reflexionas sobre la naturaleza del «yo» mientras recitas las cuatro líneas que aparecen arriba, establecerás predisposiciones útiles tanto en lo que respecta a la compasión motivada como a la sabiduría de la inidentidad.

De nuestras motivaciones depende que las acciones corporales, verbales y mentales se tornen virtuosas, neutrales o no virtuosas. Por tanto, al comienzo de las clases sobre doctrinas budistas, tanto el lama como los estudiantes rezan juntos esta formula de cuatro líneas para buscar refugio en las Tres Joyas y ensanchar la motivación altruista. Para evitar extraviarnos por una senda errónea, nos refugiamos, y para evitar desviarnos por un camino autocéntrico encontramos nuestra motivación en una intención altruista para llegar a ser iluminados. Así como el lama puede explicar la doctrina dentro de una actitud positiva, el lama acumula méritos y sus beneficios; cuando los estudiantes atienden con una actitud positiva, las doctrinas que escuchan pueden afectar positivamente su intelecto y, mediante la puesta en práctica de los ejercicios espirituales descritos, pueden alcanzar la virtud. Por estas razones tanto el lama como los estudiantes deben buscar refugio activamente.

Una tríada de prácticas

En su *Preciosa guirnalda de consejos*, Nagarjuna establece la tríada de prácticas que un seguidor de Buda debe asumir:

> Si tú y el mundo desean alcanzar
> una iluminación sin paralelo,
> sean sus raíces la aspiración altruista a la iluminación
> firme como el rey de las montañas,
> la compasión llegue a todas partes,
> y la sabiduría no confíe en la dualidad.

Los que se refugian en Buda deben practicar la compasión, la sabiduría que comprende la vacuidad y la intención altruista de convertirse en iluminado. Yo practico estas máximas tanto como puedo y he encontrado en el transcurso de mi vida que son ciertamente muy beneficiosas, haciéndome cada vez más feliz. Aun si no hubiera vida futura, no tendría nada de que arrepentirme; el que estas prácticas me ayuden en esta vida ya es bastante. Si hay una vida futura después de ésta, estoy seguro de que el empeño que he puesto en practicar el altruismo y la visión de la vacuidad tendrán efectos beneficiosos. Aunque no he logrado controlar aún cómo renaceré, si continúo estas prácticas, probablemente moriré con la confianza que podría dirigir mi propia reencarnación futura.

La práctica de la compasión y la visión de la vacuidad te serán útiles a ti también: serás más feliz. Muchos budistas meditan en los dioses especiales de la riqueza para tratar de hacerse ricos, en los dioses de la medicina para mejorar su salud, en los dioses de la larga vida para alcanzar la longevidad y en los dioses violentos para llegar al poder; pero el altruismo es el instrumento más efectivo para alcanzar todas esas cosas. El altruismo te sosiega la mente. Si tienes la mente descansada vivirás más, tu cuerpo será más sano, las enfermedades y dolencias disminuirán y tendrás muchos amigos sin tener que recurrir al engaño o la fuerza.

El altruismo edificado sobre el amor y la compasión es la senda que lleva a todos esos beneficios. Ésta es la belleza del budismo. Pero si dejas tus emociones aflictivas tal como están, e incluso te imaginas a un dios longevo a tu derecha, un dios de la riqueza a tu izquierda y un dios de la medicina frente a ti, y rezas un mantra mil millones de veces, seguirá siendo difícil que logres algo.

En el Tíbet hay cientos de dioses locales, en quienes el populacho con frecuencia deposita una enorme confianza. A veces provoco a los tibetanos al recordarles que en muchos templos hay una imagen de Buda Sakiamuni en el centro del salón principal a la cual los fieles le prestan muy poca atención, pero en un área separada, ya sea al lado o en el piso de arriba hay una particular habitación penumbrosa para los dioses protectores locales que tienen bocas gigantescas con colmillos enormes, frente a los cuales la gente tiembla de miedo. En verdad, cuando uno entra en esas estancias casi no puede respirar. Puesto en términos sencillos, esta reverencia por dioses locales es un enorme error. La confianza sólo debe ponerse en Buda; él es el maestro del refugio, el máximo protector.

Aquellos que están adecuadamente preparados en la doctrina del Buda Sakiamuni y tienen al menos un mínimo nivel de conocimiento de la vacuidad y han alcanzado alguna cesación del sufrimiento son miembros de la comunidad espiritual, y los que asimismo se han adiestrado en el altruismo hasta el grado de llegar a considerar a los demás en un nivel más elevado que a sí mismos resultan aún más asombrosos. Aun los que no han alcanzado estos niveles, pero están practicando inquebrantablemente, tendrán también sus fuentes de refugio.

Las fuentes de refugio deben identificarse basándose en el

análisis racional con una actitud no prejuiciada. Como dijera el erudito indio Shamkarapati:

Sólo considero como maestro
a aquel cuya palabra está dotada de razón.

Para que una enseñanza sea una fuente adecuada de refugio debe pasar el escrutinio de la reflexión razonada y debe ser altamente beneficiosa. Un famoso científico chileno me dijo que un investigador científico no debía estar apegado a la ciencia, y yo creo que en gran medida un budista no debe estar apegado a la doctrina budista como tal, sino que, por el contrario, debe valorar las enseñanzas y los maestros que pueden aportarle investigación a su validez. La actitud del científico y el enfoque del budista son los mismos en este caso.

En suma, la comprensión de la doctrina es el refugio real; el Buda es el maestro del refugio y la comunidad espiritual ayuda a que llegues a ese refugio. Una vez que hayas escogido como refugio a estas Tres Joyas, debes abstenerte de hacerle daño a cualquiera de los seres vivos mediante tu pensamiento o acción. Comprende que todos los seres vivos tienen derechos, no sólo los humanos.

IMÁGENES

Es importante valorar cualquier imagen del Buda, ya esté hecha de materiales preciosos u ordinarios, bien o mal hecha. En el *Sutra del loto* se dice que incluso los no creyentes que encuentran una imagen de Buda mientras se hallan emocionalmente excitados pueden tener una experiencia en extremo benéfica Esto se debe a que la dedicación unívoca de Buda, desde las profundidades de su corazón, para lograr el bienestar de otros mediante la práctica del camino espiritual de la gran compasión a lo largo de eones y eones, generó una actitud tan poderosa que aún reside en sus imágenes. De aquí que sea importante no considerar estas imágenes con si fueran sólo artículos de adorno, sino tenerlas en muy alta estima.

Contemplación

Medita en estos elementos de comprensión:

1. El suponer erróneamente que las personas y las cosas tienen existencia intrínseca da lugar a un pensamiento aún más erróneo.
2. El pensar erróneo genera las emociones aflictivas de lujuria, odio, enemistad, envidia, beligerancia y pereza.
3. Estas emociones destructivas conducen a acciones (karmas) que han sido infectadas por estas emociones.
4. Estas acciones dejan huellas en la mente que promueven el doloroso ciclo de repetidos nacimientos.

5. Por tanto, la ignorancia es la raíz de la existencia cíclica. La ignorancia aquí significa no sólo ausencia de conocimiento respecto a cómo los fenómenos realmente existen, sino un activo concepto erróneo del estatus de las personas y las cosas: verlas como entidades plenamente autónomas o independientes.

6. Esta ignorancia se desarraiga mediante la comprensión de que todos los fenómenos están interrelacionados y son entidades interdependientes.

7. Si los fenómenos existieran realmente de la manera en que se presentan, es decir, establecidos por su propia cuenta, entonces, por definición, su dependencia de otros factores no podría ser posible, pero tu propia experiencia muestra que la interdependencia es realmente el camino de todas las cosas.

8. A través de esta ruta puedes ver que tu propia perspectiva mental le adscribe un estatus exagerado a personas y cosas; las cuales no existen de ese modo.

9. Cuando empiezas a ver que esta atribución extrema de mal o de virtud a una persona es lo que la hace objeto de lujuria o de odio, la emoción que se edifica sobre esa exageración desaparece; vemos entonces el error que hemos cometido y retrocedemos.

10. El bien y el mal, lo favorable y lo desfavorable sí existen, pero no existen de la manera concreta que parecen cuando se ven a través de una mente lujuriosa o cargada de odio.

11. Una vez que entiendas que la lujuria y el odio son errores y que su raíz, la concepción ignorante de que los fenómenos existen por derecho propio, es también errónea, sabrás que la sabiduría de entender la originación dependiente y la vacuidad se funda en una cognición válida.

12. En la medida en que cultives esta comprensión, te harás cada vez más fuerte porque es válida, y verás que la iluminación es posible.

13. Verás en tu experiencia que reflexionar sobre la originación dependiente y la vacuidad engendra un entendimiento que es útil a la vida diaria, la cual puede dar lugar a una comprensión incontrovertible de la vacuidad e incluso una percepción directa de la misma. Aun con un nivel limitado de *experiencia válida* puedes determinar que existen gurús *válidos* que pueden ofrecer *comentarios válidos* sobre las enseñanzas de Buda, las *escrituras válidas*. Basándote en estas cuatro valideces puedes alcanzar una convicción en la budeidad tan profunda como vasta, tanto mental como físicamente perfecta.

14. Al reflexionar sobre la verdad de la originación dependiente y la vacuidad llegarás a darte cuenta de que es posible detener los pensamientos destructivos mediante actos de comprensión espiritual en la observancia de la doctrina budista. Los que han tenido alguna experiencia de estas suspensiones y de estos caminos en sus continuos procesos mentales componen la comunidad espiritual, y los que han

llevado este proceso de desarrollo espiritual a la perfección son conocidos como budas. Cuando comprendas esta idea, verás la racionalidad de volverte al Buda, a su doctrina y a la comunidad espiritual en busca de refugio.

15. Al tomar tu propia situación como un ejemplo, contemplas el hecho de que, aunque todos los seres sensibles a través del espacio anhelan la felicidad y no quieren sufrir, caen bajo la influencia del sufrimiento; al buscar tu propia iluminación como un Buda omnisciente con el fin de ayudarles, te vuelves hacia las Tres Joyas en busca de refugio. La doctrina comprendida es el verdadero refugio, el Buda es el maestro del refugio y la comunidad espiritual incluye a los que te ayudan a alcanzar ese refugio.

II

El karma

Así como las sombras de las aves en el cielo
se mueven con ellas,
los seres son seguidos
por lo justo y lo erróneo que han hecho.

—BUDA

El budismo tiene dos perspectivas, la terrenal y la trascendente. La perspectiva de la vacuidad y de la existencia intrínseca es trascendente, y la de las acciones (karmas) y sus efectos es terrenal. El fijarse en este mundo que nos rodea y ver que los efectos siempre dependen de sus respectivas causas y nunca surgen de manera independiente es un paso importante para alcanzar la visión trascendente de la vacuidad de la existencia intrínseca. Con esto en mente, Buda enseñó que «todo que se produce a partir de causas no se produce de manera intrínseca».

Todos los fenómenos impermanentes provienen de causas,

de manera que no pueden producirse por su propia fuerza; al depender en algo fuera de sí mismos carecen naturalmente de una existencia independiente. Aunque una correcta perspectiva terrenal de las cosas como originación dependiente constituye un nivel de comprensión más elemental, sirve de base para comprender la perspectiva transcendente de una originación dependiente sutil, que contiene el significado de la vacuidad de la existencia intrínseca.

Nuestro tema en este capítulo es el karma, que se ocupa de la correcta perspectiva terrenal de los efectos y las causas que los generan.

EXACTITUD DEL KARMA

Todos los placeres, grandes o pequeños, surgen de acciones virtuosas, en tanto todos los dolores, grandes o pequeños, surgen de acciones no virtuosas. En este sentido, el karma es inequívoco; a largo plazo, las buenas acciones conducen a estados felices y las malas acciones conducen a estados penosos. Tal como dice Nagarjuna en la *Preciosa guirnalda de consejos*:

De las no virtudes vienen todos los sufrimientos
y asimismo todas las malas transmigraciones.
De las virtudes, todas las transmigraciones felices
y los placeres de todas las vidas.

El karma es, de este modo, infalible, pero los efectos de una determinada acción pueden estar sujetos a amplificación. Entre los fenómenos externos una pequeña semilla puede dar lugar a un gran árbol, y los fenómenos internos están sujetos a una amplificación aún mayor. Hasta las pequeñas acciones pueden producir efectos gigantescos. Por ejemplo, describir, motivado por la ira, a otra persona con un nombre peyorativo puede tener efectos en varias vidas. Buda dijo:

No pienses que el cultivo
de incluso una mínima no virtud
no permanecerá contigo.
Así como un gran vasija se llena
de las gotas del agua que cae,
así también un tonto está lleno de todas las maldades
que ha acumulado poco a poco.

No pienses que el cultivo
de incluso una mínima virtud
no ha de seguirte.
Así como una gran olla se llena
de las gotas del agua que desciende,
así también los decididos
están llenos de todas las virtudes
acumuladas poco a poco.

Esto significa que no debemos ser descuidados respecto a lo que podrían parecer hechos de poca importancia, virtuosos o no virtuosos. Puesto que ningún suceso es claramente insignificante, cuídate incluso de los más pequeños. Buda dijo:

> No menosprecies ni el más mínimo de los hechos malos
> creyendo que no hará ningún daño.
> A través de la acumulación de gotas de agua
> se llena gradualmente una vasija grande.

Debido a la gran fuerza de las acciones, el manantial de todos los logros espirituales consiste en evitar las diez acciones oscuras, que también es la realización de sus opuestos, las diez acciones luminosas. Buda dijo:

> Estos caminos de las diez acciones virtuosas son el origen de nacer como un ser humano o como un dios, el origen de alcanzar las metas de los empeños virtuosos de aquellos que aún aprenden y de los que ya no tienen nada más que aprender, el origen de la iluminación de la autocomprensión, el origen de todas las acciones de bodisatva y el origen de todas las cualidades de Buda.

CLASES DE ACCIONES

Aunque en general «karma» significa acción, en este contexto «karma» se refiere a las acciones motivadas por una intención específica. Participamos en una ilimitada variedad de acciones que llevamos a cabo por medio del cuerpo, la palabra y la mente, basadas en la intención individual. Sin embargo, lo más importante de estas acciones está contenido en diez modos de obrar, oscuros y claros. Como he bosquejado anteriormente, las tres principales no virtudes físicas son matar, robar e incurrir en una conducta sexual inadecuada; las cuatro principales no virtudes verbales son mentir, intrigar, insultar y hablar sin sentido; las tres principales no virtudes mentales son la codicia, la intención lesiva y los puntos de vista erróneos. Consideremos estos aspectos mas profundamente.

Entre las tres no virtudes físicas, matar es más grave que robar, la cual a su vez es más grave que la conducta sexual indebida. Entre las cuatro no virtudes verbales, mentir es más grave que intrigar, que es más grave que insultar que es más grave que hablar sin sentido. Entre las tres no virtudes mentales los puntos de vista erróneos son más graves que la intención lesiva, que es más grave que la codicia. El mismo orden de gravedad se mantiene también para las diez virtudes opuestas, abstenerse de matar y así sucesivamente.

Además, muchos factores influyen en la gravedad de las acciones virtuosas y no virtuosas:

- La intensidad de su motivación.
- El hábito a lo largo del tiempo.
- Si la acción perjudica o beneficia a personas o grupos que contribuyen a la sociedad.
- Cuán propenso has sido respecto a estas acciones a través de tu vida.

Las acciones también resultan más graves dependiendo de cómo se hagan. Por ejemplo, matar es más grave si lo disfrutas, alientas a otros a hacerlo, llevas a cabo el hecho después de mucha reflexión y preparación, lo realizas mediante la tortura, haces que la víctima realice acciones indignas, o lo consumas cuando la víctima es débil, o pobre, o sufre dolores o clama lastimosamente.

EL KARMA Y SUS EFECTOS

Los efectos de las acciones caen en diversas categorías. Por ejemplo, el asesinato puede conducir a reencarnar en una vida miserable como un ser infernal, un espíritu hambriento o un animal; este tipo de resultados se llama un *efecto fructificador* porque afecta una vida enteramente nueva. Luego, después de que termina ese infortunado renacimiento, si uno reencarna como ser humano, por ejemplo, la misma acción anterior de matar puede dar lugar a tener una corta vida o a estar sujeto a muchas enfermedades; esto se llama un *efecto experiencial*. El mismo karma también puede tener un *efecto funcional,* tal como tener el gusto por matar, como vemos en niñitos a quienes les encanta matar insectos. También puede producir *efectos ambientales*, tales como el de hacer que el alimento, la bebida y las medicinas resulten débiles e ineficaces, o inclusos capaces de promover la enfermedad.

Asimismo, un karma virtuoso tal como el de abstenerse de matar debido a una comprensión de su culpa, también puede tener un *efecto fructicador* de renacer en una transmigración feliz como un humano o un dios. Como *efecto experiencial*, puede conducir a una larga vida. Como *efecto funcional* puede dar lugar a un rechazo por matar en una vida futura y como *efecto ambiental* puede llevar a vivir en una zona agradable.

Los karmas que llenan los detalles de una situación de vida en particular pueden ser virtuosos y no virtuosos. Por ejemplo, aunque una vida como ser humano es el efecto fructificador de una acción moral, los efectos de otros karmas no virtuosos pueden llevar a esa vida humana la pobreza, la enfermedad y una muerte prematura. Del mismo modo, un karma no virtuoso podría impeler a reencarnar como animal, pero los karmas virtuosos podrían dar lugar a una vida saludable en una familia amorosa que disfruta de muchos perros, gatos y pájaros.

Igualdad de los sexos

Permítaseme abordar un tema importante. Ciertos textos budistas describen el ser macho como una favorable fruición kármica, pero hablan desde la perspectiva de la época de su composición. Sin embargo, en la actualidad vivimos en una era donde hombres y mujeres se consideran iguales, y ciertamente *son* iguales y deben tener iguales oportunidades. Por tanto, el ser mujer es una frución kármica igualmente favorable. Aunque el Buda Sakiamuni, desde la perspectiva de su tiempo, sí habló de ligeras diferencias entre hombres y mujeres, estableció también votos monásticos para monjes y monjas. Y en sus enseñanzas tántricas a hombres y mujeres no sólo se les considera iguales, sino que a las mujeres se les da un respeto especial.

Algunos textos budistas describen las faltas del cuerpo femenino a fin de revertir la lujuria, pero esos textos fueron escritos por hombres, y lo mismo debe aplicarse al cuerpo masculino. Puesto que la *Preciosa guirnalda de consejos* de Nagarjuna fue escrita para un rey indio, él habla de las substancias impuras en el cuerpo de una mujer, pero luego le pide al rey que juzgue su propio cuerpo de la misma manera.

Conocí a una persona que se quejaba de que Shantideva consideraba que las mujeres eran inferiores, y citaba como prueba el que Shantideva enumera muchas faltas del cuerpo de las mujeres en su *Práctica del Bodisatva;* desalentada por esto, la persona que me presentaba su queja había abandonado el estudio del texto. Sin embargo, Shantideva estaba hablándole a una asamblea de monjes y, en consecuencia, como un antídoto al deseo de la cópula le enumeraba a esa audiencia los problemas físicos del objeto de tal deseo. Cuando esto se tiene en cuenta, podemos ver que su mensaje es que las mujeres en peligro de incurrir en lujuria deben aplicar exactamente las mismas reflexiones con respecto al cuerpo masculino.

ORDENACIÓN DE MONJAS

Puesto que los hombres y las mujeres son iguales, es importante que la plena ordenación de las monjas budistas se restaure en esos países donde se ha perdido. En China, Vietnam y Taiwán tal ordenación sobrevivió, pero desapareció en el Tíbet. Durante los últimos veinte años hemos estado intentando revivir esta tradición entre los tibetanos. Algunos han dicho que el Dalai Lama debería decidir el asunto, pero el procedimiento de la disciplina monástica budista exige que aquellos sometidos a este adiestramiento discutan el asunto y democráticamente lleguen a una conclusión. No es una decisión que deba ser tomada por una sola persona. Visto así, sería útil si los taiwaneses que actualmente mantienen la tradición de la plena ordenación de las mujeres presentaran el tema a discusión, análisis y decisión en un congreso budista. Esto beneficiaría no sólo al Tíbet, sino también a Tailandia, Birmania y Sri Lanka, donde los votos mayores de las monjas no parecen existir de manera continua desde el pasado, y los esfuerzos por reintroducir o introducir nuevamente esos votos siguen siendo controversiales. El problema es también apremiante en los países occidentales, donde un cierto número de mujeres ha tomado los votos menores y están interesadas en tomar los mayores. Es importante que los taiwaneses asuman la responsabilidad de presentar este asunto en una reunión monástica panbudista.

Lo que los tibetanos en particular pueden contribuir a la actual situación de las monjas es la educación filosófica, puesto que nuestras monjas han instituido el programa regular de estudios filosóficos tibetanos durante más de veinte años, y estábamos en el proceso de establecer el formato de examen para la obtención del grado Geshe, nuestro equivalente al doctorado en filosofía.

EL ORDEN DE LOS EFECTOS
DEL KARMA

Los karmas que has hecho no desaparecerán.
Las virtudes y las no virtudes producirán sus efectos en consecuencia.

—SHANTIDEVA

En lo tocante a cómo y cuándo los karmas producen sus efectos, los más graves maduran primero. Cuando sus pesos se igualan, cualquier karma que se manifieste en el momento de la muerte madurará primero. Debido a esto, es particularmente importante mantener la calma durante el proceso de morir; así como es particularmente importante que los amigos se abstengan de gritar y llorar en ese momento para no excitar ningún apego que te haga querer permanecer en esta vida cuando ha llegado la hora de partir.

Luego de los karmas más gravosos y los de igual peso, los próximos en madurar son las acciones principales a las cuales estás habituado. Entre los hábitos que son igualmente arraigados, los que se formaron primero han de madurar primero.

Respecto a cuándo los karmas comenzarán a dar fruto, las acciones no virtuosas pueden comenzar a madurar ahora en la vida actual si se llevan a cabo de las siguientes maneras:

- excesivo apego a tu propio cuerpo, tus recursos y tu vida.
- intensa malicia hacia otros.
- enemistad hacia los que te han ayudado, rehusando reciprocar su bondad.
- gran animosidad hacia las fuentes de refugio, tales como Buda, la doctrina, la comunidad espiritual y los gurús.

Del mismo modo, las acciones virtuosas pueden comenzar a madurar en la vida actual si se han llevado a cabo de las siguientes maneras:

- sin estar fundamentalmente interesado en tu propio cuerpo, tus recursos y tu vida.
- con profunda compasión y amabilidad.
- con una firme actitud de desear reciprocar la ayuda que te han dado.
- con profunda fe y convicción.

De otro modo, los efectos se experimentarán en la próxima vida o en vidas posteriores.

DEBILITAR LOS EFECTOS
DEL KARMA

Una vez que hayas realizado una acción, sea virtuosa o no, experimentarás definitivamente su efecto —a menos que contrarrestes su potencial—, no importa cuanto tiempo se tome. Aun si se tarda eones, la capacidad de un karma de producir sus efectos no se perderá. Acerca de esto decía Buda:

Aun en cien eones
un karma no perece.
Cuando lleguen las circunstancias y el tiempo
los seres por seguro sentirán sus efectos.

Si has cometido malas acciones
o estás cometiéndolas,

no escaparás al sufrimiento
aunque intentaras huir.

No importa dónde estés, no hay un lugar
que el karma no haya creado,
ni en el cielo ni en el océano,
ni aun en medio de las montañas.

Así como experimentarás los efectos de lo que has hecho física, mental o verbalmente, no experimentarás los efectos kármicos, agradables o desagradables, de las acciones que no hayas hecho. Sin embargo, la capacidad de una acción virtuosa de generar un buen efecto puede debilitarse por una cólera intensa, por lo cual es importante que controles tu ira de manera que impidas que debilite los buenos efectos de tus acciones. Afortunadamente, las no virtudes tienen una buena cualidad: son susceptibles a la purificación. Por esto es decisivo aplicar contramedidas que disminuyan los efectos de las acciones erróneas. Permíteme explicarte cómo hacer esto.

Si, por ejemplo, has cometido una mala acción como robar, puedes disminuir su capacidad de producir un efecto, tal como una pobreza futura, a través de cuatro prácticas o de las fuerzas atenuantes. La primera es desarrollar una contrición por la mala acción y confesarla a tus iguales o a una figura destacada tal como tu gurú, o incluso imaginar que se lo confiesas al Buda y a los bodisatvas. La clave consiste en que no puedas seguir escondiendo lo que has hecho.

La segunda práctica consiste en emprender actividades virtuosas específicamente para contrarrestar el impacto de esa fechoría. Estas virtudes pueden caber dentro de un margen tan amplio como apoyar a las escuelas o a las instalaciones médicas, leer textos de sabiduría o expresar deseos compasivos a favor de otros. El cultivo del amor y de la compasión son particularmente efectivos para purificar las malas acciones.

La tercera práctica es desarrollar una intención de no volver a incurrir en una mala acción en el futuro, abstenerte de hacerlo incluso al riesgo de tu vida. La cuarta es establecer una fundación en refugio y la intención altruista de llegar a ser un iluminado. Así como una persona que se ha caído al suelo debe levantarse, así las malas acciones en relación con las Tres Joyas se purifican yendo a buscar refugio en ellas, y las malas acciones en relación con los seres sensibles se purifican al generar altruismo hacia los seres sensibles.

No puedes evadir los efectos de los karmas si no utilizas las cuatro fuerzas. Con la ayuda de estas cuatro fuerzas, los efectos de las malas acciones pueden evitarse completamente, o disminuirse de tal modo que pequeños dolores, tal como una jaqueca, sustituyan a un gran sufrimiento, o puede acortarse la duración de un efecto negativo. Las diferencias dependerán de cuán eficazmente se cultivan las cuatro fuerzas.

Contemplación

Reflexiona:

1. Todos los placeres, grandes o pequeños, surgen de acciones virtuosas, y todos los dolores, grandes o pequeños, surgen de acciones no virtuosas.

2. Aun las pequeñas acciones pueden tener efectos gigantescos.

3. Las tres principales no virtudes físicas son matar, robar y una conducta sexual indebida; las cuatro principales no virtudes verbales son mentir, intrigar, insultar y hablar sin sentido; las tres principales no virtudes mentales son codiciar, albergar intenciones lesivas y sostener puntos de vista erróneos.

4. Matar es más gravoso que robar, que, a su vez, es más gravoso que la conducta sexual indebida. Mentir es más gravoso que intrigar, que, a su vez, es más gravoso que insultar, que es más gravoso que hablar sin sentido. Los puntos de vista erróneos son más gravosos que una intención lesiva, que es más gravosa que la codicia. El mismo orden de peso se mantiene para las virtudes opuestas, el abstenerse de matar pesa más que... y así sucesivamente.

5. Muchos factores influyen en el peso de las acciones virtuosas y no virtuosas: la intensidad de la motivación, la habituación, si la acción perjudica o beneficia a indi-

viduos o grupos, y su entusiasmo por la acción a través de la vida.

6. Las acciones adquieren mayor peso dependiendo de cómo se emprendan.

7. Los efectos de las acciones pueden tener cuatro aspectos: fructificador, que impele a una vida completamente nueva; experiencial, o semejante a la causa en experiencia; funcional, o semejante a la causa de una manera práctica; ambiental, o semejante a la causa en cuanto a ambiente externo.

8. Aunque una transmigración feliz como ser humano o como dios es un efecto fructificador de un karma virtuoso, y una mala transmigración como animal, espíritu hambriento o ser infernal es un efecto fructificador de un karma no virtuoso, los karmas que no se ajustan a los detalles de esa vida en particular pueden ser lo mismo virtuosos que no virtuosos.

9. Entre los karmas, los más gravosos o pesados maduran primero, luego los karmas surgidos en la muerte, los karmas que parten de los hábitos, seguidos por los que se formaron primero.

10. Los karmas no virtuosos pueden comenzar a madurar en la vida actual si se basan en acciones realizadas con un excesivo apego a tu cuerpo, tus recursos y tu vida, o con intensa malicia hacia otros, o con enemistad hacia aquellos que te han ayudado, o con gran animosidad hacia fuentes

de refugio, tales como Buda, la doctrina y la comunidad espiritual. Las acciones virtuosas pueden comenzar a madurar en la vida presente si se llevan a cabo sin que su mayor interés sea nuestro propio cuerpo, nuestros recursos y nuestra vida, o si se practican con profunda compasión y amabilidad, o con una firme actitud de desear reciprocar la ayuda que te han dado, o con profunda fe y convicción. De otro modo, los efectos se experimentarán en la próxima vida o en otras posteriores.

11. La fuerza de las acciones virtuosas puede resultar debilitada por la ira.

12. La capacidad de un karma no virtuoso de producir su efecto perdurará a menos que sea contrarrestado por las cuatro fuerzas: contrición, dedicación a actividades virtuosas, específicamente con el propósito de contrarrestar el impacto de la acción no virtuosa, con la intención de no incurrir en ella en el futuro y plantando los cimientos de un refugio y la altruista intención de llegar a convertirse en iluminado.

EL IMPACTO

En suma, reflexionando reiteradamente sobre:

- la impermanencia,
- la certeza e inminencia de la muerte,

- la calidad de tus vidas futuras y
- el poder del karma,

el énfasis excesivo sobre el presente se convertirá en un interés a largo plazo. Cuando estas actitudes se convierten en una perspectiva estable, has concluido el primer nivel de la práctica y estás listo a pasar al segundo nivel.

Echémosle ahora una mirada más profunda a lo que significa buscar la libertad de todos los tipos de la existencia cíclica.

NIVEL
INTERMEDIO
DE LA
PRÁCTICA

12

Ver el problema y la cura

Como maestro te muestro el camino
para detener los dolores de la existencia cíclica.
Tú tienes que llevarlo a la práctica.

—BUDA

Al reflexionar sobre los efectos de tus acciones y evitar las no virtudes, puedes alcanzar una buena vida futura en la existencia cíclica, pero ese objetivo, pese a ser el primer escalón de la práctica, no constituye la plena medida de la motivación budista. Una vez que entiendes las causas y efectos del karma, debes aprender a alejarte de todos los niveles de la existencia cíclica. Pero aunque el propósito de evitar las diez no virtudes, que se presentan en el nivel inicial de la práctica, es alcanzar una vida favorable dentro de la existencia cíclica, esto no entra en conflicto con la enseñanza de nivel intermedio de que incluso el estatus superior de la existencia cíclica tiene una naturaleza de sufrimiento que ha de ser abandonada. Necesitas una forma favorable de vida para alcanzar la liberación, de manera que si no te liberas de la existencia cíclica en esta vida, necesitarás una vida bien dotada en el futuro para cumplir con tu objetivo y el de otros.

En el nivel de capacidad intermedio, desarrolla la motivación para abandonar todos los niveles de la existencia cíclica, lo cual sirve para dar acceso a la motivación de más alto nivel, la de aspirar a la iluminación mediante la ayuda a los demás. Esto es así porque adiestrarse en la motivación para la completa libertad de la existencia cíclica abre el camino para adquirir un profundo sentido de altruismo. En este capítulo y en el siguiente explicaré cómo funciona esto.

IDENTIFICAR LA LIBERACIÓN

Independientemente de cuán extraordinario sea el estado que podrías alcanzar dentro de la existencia cíclica, sigues estando bajo el control de las emociones destructivas y del karma, lo cual significa que en algún momento deberás caer de ese estado estupendo. Considerar que ese estado es tu máxima aspiración es engañarse con una ilusión.

¿En qué consiste, entonces, la liberación? Algunas filosofías de la India no aceptan la posibilidad de liberarse del ciclo del nacimiento, el envejecimiento, la enfermedad y la muerte, mientras otras sí lo aceptan. Entre estas últimas, algunas afirman que la liberación es como un cielo, pero los budistas sostenemos que la liberación es una cualidad de la mente, un estado mental libre de la servidumbre de emociones dolorosas y de los karmas (acciones) que éstas propulsan. No te impacientes conmigo mientras te explico esto en detalle.

Los seres vivientes están sujetos a un proceso en el cual la mente y el cuerpo caen bajo la influencia de emociones aflictivas y responden a karmas contraproducentes que los atan a vidas como dioses, semidioses, humanos, animales, espíritus hambrientos y seres infernales, todos los cuales son estados temporales propulsados por el karma. El modo de escapar a esta situación es ponerle fin a las emociones aflictivas; de este modo los karmas que has acumulado en tu torrente mental provenientes de incontables vidas de la existencia cíclica no pueden activarse y, por consiguiente, no pueden manifestarse como una nueva vida de sufrimiento. Luego, los karmas que permanecen en tu corriente mental pierden su posibilidad de hacer daño. Por consiguiente, la liberación es un estado en que uno deja de vivir bajo el control de las emociones aflictivas y del karma. Para más detalles, atendamos a la enseñanza central de Buda de las cuatro nobles verdades.

La perspectiva substancial

Así como reconoces que estás enfermo
y te ocupas de eliminar la causa de la enfermedad
al obtener la salud mediante la confianza en un remedio,
reconoce el sufrimiento,
elimina su causa,
alcanza su cesación
y confía en el camino.

—Maitreya, *El sublime
flujo continuo del
Gran Vehículo*

Buda alcanzó la iluminación en Varanasi, India, y después de varias semanas impartió su enseñanza inicial, que fue sobre las cuatro nobles verdades. Ésta es su rúbrica para identificar las actitudes erróneas y para producir sus antídotos. El fundamento de las cuatro verdades es la perspectiva de la originación dependiente que en sí misma se funda en la inidentidad

La comprensión adecuada de las cuatro verdades es fundamental. En breve:

- Todos los fenómenos basados en emociones aflictivas y karmas conducen al sufrimiento. Ésta es la primera noble verdad.

- Las emociones aflictivas y las acciones (karmas) que ellas motivan son los verdaderos orígenes del sufrimiento. Ésta es la segunda noble verdad.

- Ponerle fin a las emociones aflictivas, la fuente del dolor, es la liberación. La cesación es la tercera noble verdad.
- Las sendas, o medios, para vencer y apaciguar las emociones aflictivas son verdaderos caminos. Ésta es la cuarta noble verdad.

En cuanto al orden en que estas cuatro verdades se formularon, la relativa a las fuentes del sufrimiento (la segunda verdad) vino primero, ya que esas fuentes dan lugar al sufrimiento (la primera verdad). Asimismo, los caminos espirituales (la cuarta verdad) nos permiten lograr la cesación del sufrimiento, así como extinguir sus fuerzas (la tercera verdad), ya que la práctica de los caminos conduce finalmente a la verdadera libertad. Sin embargo, cuando Buda enseñó las cuatro verdades revirtió el orden, hablando primero acerca del sufrimiento (el efecto) y luego de sus fuentes (o causas). Asimismo, habló primero de ponerle fin al sufrimiento y luego también de los caminos, que son los medios de alcanzar esta cesación.

Él hizo esto a fin de recalcar los elementos esenciales de la práctica. En primer lugar, debes reflexionar sobre el alcance del *sufrimiento*, en particular el dolor del acondicionamiento dominante, que abordamos antes (p. XX). Una vez que te des cuenta del amplio alcance del sufrimiento, debes investigar las fuentes de ese dolor, identificando las tres emociones ponzoñosas de lujuria, odio e ignorancia. La ignorancia, que aquí se refiere específicamente a una creencia en la existencia intrínseca, es la raíz de todas las emociones destructivas. Si estos venenos pueden ser trascendidos dependerá de si existen antídotos para ellos. Cuando ves que no sólo existe el antídoto, sino que puede cultivarse en un estado ilimitado, surge en ti un intenso deseo de producir la cesación del sufrimiento y sus orígenes. Con este trasfondo, te adiestras luego en el *camino* de la moralidad, la meditación concentrada y la sabiduría y, en particular, en la unión de una mente altamente concentrada y en la comprensión directa de la inidentidad. La naturaleza de este proceso es la razón por la que Buda propusiera las cuatro verdades en este orden.

La identificación del alcance del sufrimiento es decisiva para el pleno desarrollo de la compasión. Si no adquieres una profunda intención de escapar de las garras del pesar del acondicionamiento dominante luego de ver sus perniciosas obras, el desarrollo de una cabal compasión quedará fuera de tu alcance. Todos nosotros poseemos las simientes de la compasión porque cuando vemos sufrir a nuestros allegados inmediatamente nos preocupamos, pero cuando vemos a otros cuya situación placentera es sólo parte del sufrimiento de la transformación, lejos de querer que se liberen de ella, los admiramos e incluso llegamos a envidiarlos. Debido a que no hemos identificado plenamente el alcance del sufrimiento, nuestra compasión es limitada. Por tanto, para desarrollar la compasión y, en particular, la gran compasión, es decisivo identificar el sufrimiento del acondicionamiento dominante en nuestra vida.

Las emociones contraproducentes son inquietantes, incómodas, estresantes y perturbadoras. Si dejas esas fuerzas tal como están, seguirán produciendo dolor, razón por la cual deben ser extinguidas por medio de un poderoso antídoto. Una vez que no existan, habrás alcanzado la verdadera cesación, de manera que el poderoso antídoto es el verdadero camino.

Cuando vives baja la influencia de emociones aflictivas, has perdido tu independencia y estás atrapado en la existencia cíclica; la conquista de estos perjudiciales enemigos produce independencia, liberación. Para orientarte hacia la búsqueda de la liberación debes conocer los defectos de la existencia cíclica. Luego buscarás sin reservas debilitar las emociones aflictivas, lo cual te pondrá en camino de alcanzar la liberación.

Como Losang Chökyi Gyeltsen, el primer Panchen Lama, dijera en el siglo XVI:

Respecto a cómo reflexionamos sobre los defectos de la existencia cíclica, entre los muchos medios de hacerlo aun los animales temen al dolor y quieren liberarse de él, e incluso los no budistas se apartan de los placeres que pueden trocarse en dolor. Por tanto, este complejo mente-cuerpo que tiende por naturaleza a estar bajo el control de las emociones aflictivas y del karma ha de verse como la condición básica para inducir todos los tipos de sufrimiento en el futuro y en consecuencia debe ser trascendido.

La razón esencial para desarrollar la intención de dejar la existencia cíclica es separarse de las emociones destructivas que mantienen la mente y el cuerpo atados a este proceso sin control. Cuando esta intención se convierte en tu motivación esencial, has alcanzado el nivel intermedio de la capacidad espiritual.

Hay muchos sistemas religiosos indios que conllevan una profunda devoción hacia el gurú y hay muchos seguidores que dedican totalmente sus vidas a la práctica espiritual. Son realmente asombrosos. Conscientes de la impermanencia de la vida, ponen un gran empeño en la devoción religiosa. Pero sólo el budismo ve que la percepción misma del yo es imperfecta, y en su lugar propone una perspectiva de inidentidad. Sólo cuando ves como imperfecta la concepción del ser y las emociones destructivas inducidas por esta idea errónea has cruzado el umbral de la verdadera práctica budista. Es por esto que las cuatro nobles verdades son tan fundamentales.

LA VERDAD DEL SUFRIMIENTO

Puesto que de manera justificable anhelamos la felicidad y no queremos sufrir, nos concentramos naturalmente en el placer y el dolor, razón por la cual Buda identificó primero lo que es realmente el sufrimiento. En esa época en la India los sistemas no budistas se habían concentrado ciertamente en el dolor físico y mental obvio, y es probable que también hubieran identificado la manera en que el abuso de una aparente fuente de placer se torna en dolor, como por ejemplo el comer alimentos deliciosos en demasía. Sin embargo, es extremadamente difícil identificar el sufrimiento más profundo del acondicionamiento dominante, que se basa en el hecho de que nuestra mente y nuestro cuerpo no funcionan del todo sujetos a nuestro propio control sino que caen bajo la influencia de karmas (acciones previas y tendencias creadas por ellas), las cuales en sí mismas son movidas por emociones destructivas tales como la lujuria y el odio.

Míralo de este modo. Deseamos las formas, los sonidos, los olores, los gustos y los tactos placenteros, y nos enojamos cuando se frustra este deseo, ya sea debido a la interferencia de personas o de circunstancias externas. Los textos no budistas enseñan que tal deseo es imperfecto así como los medios para contrarrestar estas actitudes destructivas, pero no describen las desventajas de atribuirle al yo y otros fenómenos el que existan de manera autónoma por derecho propio, de manera que no identifican los niveles más sutiles de la lujuria y el odio arraigados en este error más sutil. Sin embargo, Buda enseñó el sufrimiento del acondicionamiento dominante, el cual consiste en que la mente y el cuerpo ordinarios se generan, de origen, a partir del concepto erróneo de la existencia intrínseca y se ven atrapados en un ciclo de sufrimiento, aunque el sufrimiento físico y mental no resulte obvio.

Antes de Buda existieron los que identificaron el sufrimiento, pero sin reconocer las causas más sutiles de la carencia no podemos apreciar en verdad el alcance del sufrimiento en la existencia cíclica. Como dice Songkapa, el erudito-yogui tibetano en su *Gran tratado de las etapas del camino*:

Aprendices de Budas, obstruidos por la oscuridad de la ignorancia, se engañaron al confundir las cosas maravillosas de la existencia cíclica —que, en efecto, conllevan sufrimiento— con la felicidad y, por consiguiente, necesitaron generar desilusión por esas cosas. Por tanto, Buda habló de muchas formas de sufrimiento, diciendo: «Éstas en realidad no dan felicidad, sino sufrimiento». Es por esto que él inicialmente estableció la verdad del sufrimiento.

Al confundir la verdadera naturaleza de las personas (incluidos otros seres vivos como los animales) y confundir también lo que es impuro con lo puro, lo que es un estado de dolor con el placer y lo que es impermanente con lo permanente, acarreamos nuestros propios problemas. Por eso es necesario identificar el pleno alcance del sufrimiento. Buda llamó a esta comprensión «la noble verdad del sufrimiento» porque es así que el auténtico estado de nuestra condición se muestra ante aquellos que ven la situación tal como es. Por ejemplo, los seres ordinarios usualmente ven los sentimientos placenteros como beneficiosos sin pensar mucho más, mientras a la vista de los que conocen la situación real hasta los placeres ordinarios se ven como parte del ciclo del sufrimiento producido por el cambio.

El dolor del nacimiento

En general, la existencia cíclica tiene muchos defectos. Primero, considere el sufrimiento de nacer. Hay varios tipos de serias molestias que experimentamos mientras estamos en el vientre de nuestra madre, antes incluso de salir, que conllevan mucho dolor tanto para la madre como para el niño. Después de nacer te cuelgan de los pies y te palmean en los glúteos para aclararte los pulmones, lo cual significa que la vida fuera del vientre materno comienza con el tormento de ser colgado de los pies y golpeado.

En la zona de la provincia de Amdo, en el Tíbet nororiental donde yo nací, existe la costumbre entre la gente del país de darle al bebé una poción hecha de una raíz de regaliz. Mi hermana mayor me decía que yo bebí muchísimo, acaso para indicar que en el vientre de mi madre estuve experimentando el dolor del hambre. Además de eso, existe el sufrimiento pernicioso debido al simple hecho de que el cuerpo con el que nacemos ya está asociado a tendencias disfuncionales. Debido a que nuestro cuerpo mismo nace de emociones aflictivas y karma, está naturalmente en conflicto con el logro de la virtud.

En la medicina tibetana las fuerzas fundamentales de nuestros cuerpos constan de tres humores —aire, bilis y flema— que deben mantenerse equilibrados para la buena salud, pero que se desequilibran fácilmente y entonces se les llama explícitamente «los tres problemas». Todas las causas internas de la enfermedad y el envejecimiento ya existen dentro del cuerpo desde el comienzo.

Nuestro nacimiento, al derivarse de emociones aflictivas y karma ya nos hace propensos a las mismas emociones aflictivas, generando deseos por lo que encontramos atractivo, odio por lo que encontramos inatractivo y confusión acerca de todo lo demás. A partir del día en que nacemos padecemos muchas calamidades que terminan en la muerte, y luego desde el momento de nuestro próximo nacimiento ocurre lo mismo. Si hay un modo de eliminar todos esos problemas, ciertamente merece consideración.

EL DOLOR DE ENVEJECER

Es bueno que el envejecimiento ocurra poco a poco.
Si ocurriera de súbito, sería intolerable.

—Gamapa, yogui

tibetano

Con el envejecimiento, tu cuerpo saludable se deteriora. Se debilitan las fuerzas. Los sentidos declinan. Los goces se desvanecen. Y finalmente la vida se acaba. Buda dijo:

La vejez nos priva del vigor, la habilidad y la fuerza
hasta que nos parece que estamos enterrados en lodo.

El dolor de la enfermedad

> Así como los humanos oprimen a los animales salvajes,
> cientos de males y dolores de agresivas enfermedades nos
> afligen.
>
> —BUDA

Con la enfermedad, se marchita tu piel y tu carne mengua. Al desequilibrarse los elementos físicos que componen tu cuerpo, te enfrentas al dolor físico que, a su vez, da lugar al dolor mental. No puedes complacer tus deseos. Tienes que someterte a desagradables tratamientos. Tu vitalidad se debilita. Buda dijo:

> En el intenso invierno, los fuertes vientos y ventiscas
> debilitan el pasto, los arbustos, los árboles y las hierbas.
> Del mismo modo, la enfermedad debilita a los seres vivos,
> quebrantando sus facultades, su apariencia física y su
> fuerza.

Finalmente, sufres de ver que tu enfermedad no ha de curarse.

El dolor de la muerte

Con la muerte, sufres al ver que te separarás de tus objetos agradables, de tus parientes agradables y de tus amigos agradables, y

mientras mueres, te ves sometido a muchas incomodidades.
Buda dijo:

> Cuando mueres y pasas a la otra vida,
> quedas separado para siempre de las personas bellas y
>   amadas.
> Como una hoja caída de un árbol o la corriente de un río,
> nunca volverás a reunirte con ellas.

El llegar a desilusionarse con la existencia cíclica

Por encima de los sufrimientos del nacimiento, el envejecimiento, la enfermedad y la muerte, encontramos los dolores
de enfrentar lo desagradable, separándonos de lo placentero,
y de no hallar lo que queremos. Durante la mayor parte de la
vida nos enfrentamos a circunstancias desfavorables, una tras
otra, día por día, en respuesta a las cuales generamos emociones
contraproducentes, específicamente la lujuria, el odio y la confusión, que producirán sufrimientos semejantes en el futuro.
Nos enfrentamos con...

• la incertidumbre de nuestros amigos y enemigos, según
  pasan de una categoría a otra en esta vida y en el transcurso
  de incontables vidas. Como dice Songkapa:

Al meditar en esto, debes dejar de generar tanto el apego como la hostilidad que provienen de discriminar entre amigos y enemigos.

- insatisfacción, porque aunque buscamos el placer, no importa cuántos alicientes tengamos, somos insaciables, lo cual nos trae el terrible dolor de siempre andar en busca de un aliciente mayor. Como dice Songkapa:

  > Te consientes placeres en busca de satisfacción, sin embargo con los placeres transitorios nunca estás satisfecho no importa cuánto los disfrutes. Continuamente tu apetito crece, y en ese afán deambulas por las edades de la existencia cíclica.

- el problema de abandonar tu cuerpo de una vida a otra. Como dice Nagarjuna:

  > Cada uno de nosotros ha dejado detrás una pila de huesos
  > que empequeñecería a la mayor montaña.

- el problema de renacer una y otra vez. Nagarjuna dice:

  > Después de haber llegado incluso a ser monarca del universo,
  > una vez más te harás esclavo de oteros en la existencia cíclica.

- el problema de descender de un nivel superior a un nivel inferior una y otra vez incluso dentro de una sola vida. Como dice Buda:

El fin de la acumulación es merma.

El fin de la altura es caída.

El fin del encuentro es separación.

El fin de la vida es muerte.

- el problema de no tener compañeros permanentes en el transcurso de diferentes vidas, pasando solo de una vida a otra. Shantideva dice:

Naces solo.

También mueres solo.

En suma, el problema fundamental consiste en el tipo de mente y cuerpo que tenemos. Nuestro complejo mente-cuerpo sirve como una base para los sufrimientos presentes en la forma de envejecimiento, enfermedad y muerte, y promueve sufrimientos futuros a través de nuestras respuestas usuales a las situaciones dolorosas.

Al reflexionar sobre la naturaleza de la mente y el cuerpo, tendrás que pasar de las profundidades de tu corazón para buscar consuelo, pensando «¡si tan sólo pudiera librarme de una vida conducida por las emociones aflictivas y el karma!». Sin tal reflexión sobre el dolor, tu conocimiento de tu propia condición será limitado, lo cual en sí mismo le pondrá un límite a tu compasión. Como dice Songkapa:

Si no cultivas un genuino sentido de la desilusión con la existencia cíclica —cuya naturaleza es un complejo mente-cuerpo sujeto al dominio de las emociones aflictivas y el karma— no tendrás oportunidad de desarrollar una genuina actitud concentrada en la liberación, y no habrá modo alguno de desarrollar una gran compasión para los seres errantes en la existencia cíclica. Por tanto, es fundamental el reflexionar sobre tu situación.

Podemos ver desde nuestra propia experiencia que todas las formas de sufrimiento están contenidas en nuestra vida humana presente. Como dice Vasubandu:

Es obvio que los humanos también conocen
todos los sufrimientos de formas de vida miserables.
Atormentados por el dolor, los humanos son como los
    seres infernales.
Con carencias, somos como espíritus hambrientos.
Los humanos tenemos también el sufrimiento de los
    animales.
En eso el poderoso usa la fuerza
para herir y avasallar al débil.
Estos sufrimientos son como un río.
Algunos sufren de pobreza;
otros, de descontento.
Las punzadas del ansia son intolerables
todos riñen y están sujetos al asesinato.

Una vida humana es ciertamente deseable por causa de la práctica continua, pero si aún esta preciosa vida humana es acuciada por problemas tan terribles, ¡imagina los sufrimientos de otras formas de vida!

LA VERDAD DE LOS ORÍGENES DEL SUFRIMIENTO

Si quieres librarte de los efectos dolorosos, tienes que librarte de sus causas, razón por la cual la próxima enseñanza de Buda fue acerca de los orígenes del dolor. Si no se superan esas causas y condiciones, no puede vencerse el sufrimiento que crean.

¿Cuáles son las causas del sufrimiento? Si el sufrimiento fuera creado por una causa permanente, no habría manera de vencerlo, puesto que una causa permanente no estaría sujeta a cambio. Por suerte, el sufrimiento es una originación dependiente que se produce asociada con causas y condiciones impermanentes. Puesto que las causas mismas están en un proceso de cambio, el sufrimiento producido por ellas está sujeto a alteración. Es por esta razón que Buda enseñó que si las causas son mutables, sus efectos son también mutables.

En la vida ordinaria, cuando nos enfrentamos con el dolor de la enfermedad, el envejecimiento, la muerte y las diversas clases de pérdidas, este dolor no puede eliminarse tan pronto como ocurre porque surge dependiente de sus respectivas causas y condiciones. Sin embargo, al empeñarnos en contrarrestar esas causas podemos provocar la eliminación de ese dolor particular, dando lugar a un consuelo físico mayor, la libertad de una enfermedad específica, larga vida, más recursos y buenos compañeros. Para realizar esto, necesitamos educación. En el mundo, por lo general, la gente no busca educación por causa de sus vidas futuras, sino para reducir el dolor y aumentar el placer en esta misma vida. Cuando las personas progresan en su preparación, llegan a ser más eficaces al comportarse, de manera que realmente eliminan los males de su vida y alcanzan sus placeres.

Aprendemos a reducir el sufrimiento y expandir la felicidad con sólo ajustar nuestra manera de pensar, ya que la aspiración al cambio precede a la puesta en práctica de las técnicas que conducen al cambio: el deseo de actuar debe venir antes que la acción. En verdad, ciertas acciones más pequeñas, tales como frotarse inmediatamente un escozor o cerrar los ojos cuando estás en peligro, ocurren instintivamente, pero la mayoría de las acciones que conllevan un beneficio importante exigen el pensamiento «debo hacer esto». Estas acciones requieren intención, o voluntad; en esa plataforma llevamos a cabo acciones corporales y verbales.

De manera que el placer y el dolor en esta vida dependen de las acciones, las cuales, a su vez, dependen del pensamiento. Las acciones derivan de la motivación. Por ejemplo, ordinariamente, cuando uno se opone a alguien, genera primero un sentimiento de disgusto o de odio por la persona, pensando, «me resulta problemático. Tengo que oponérmele». Habiendo generado estas ideas, pasas a considerar cómo confrontar a esa persona, qué estrategia usar. Cuando afloran en tu mente algunos enfoques específicos, desarrollas la intención, la voluntad, de llevarlos a cabo, y luego los implementas. Hay, pues, dos etapas en el proceso: primero viene la motivación odiosa, seguida por la acción. Lo mismo ocurre en situaciones de deseo. Primero generas una intensa atracción por el objeto o la persona, y luego, motivado por tu sentimiento, contemplas cómo conseguir lo que quieres y actúas en consecuencia.

Éste es nuestro modo de proceder en general. En la segunda noble verdad, Buda señala que empezar con una actitud defectuosa acerca del ego conduce a otras emociones destructivas —principalmente la lujuria y el odio. Éstos, a su vez, motivan las acciones contraproducentes, que producen sufrimiento. Es, en resumen, un asunto de causa y efecto.

EMOCIONES AFLICTIVAS

¿Qué produce el sufrimiento que se experimenta en el ciclo del nacimiento, el envejecimiento, la enfermedad y la muerte? Las acciones contaminadas. ¿Qué producen las acciones contaminadas? Las emociones destructivas de la lujuria y el odio. ¿Cuál es su raíz? La ignorancia, específicamente una idea errónea de la existencia intrínseca. Por tanto, entre los dos orígenes del sufrimiento, las acciones contaminadas y las emociones aflictivas, las emociones aflictivas son primarias, y entre las emociones contraproducentes, la ignorancia es capital.

Las emociones aflictivas se definen como cualquier actitud que altera tu continuo proceso mental. Cuando se genera, por ejemplo, una actitud tal como una intensa compasión, ciertamente altera un poco la mente, pero lo hace intencionalmente a través de una serie de reflexiones que elevan tu pensamiento. Por el contrario, aunque generar emociones aflictivas a veces sí conlleva algún ligero recurso a la razón, la naturaleza de las emociones aflictivas consiste en perturbar la mente más allá de nuestro control, más allá del dominio de la intención o la reflexión. Esas emociones te inquietan y te incomodan.

Entre estas emociones destructivas se encuentran la lujuria, que proviene de observar un fenómeno externo agradable y atractivo (un objeto disfrutable, o la fama, o una residencia o un amigo) o un fenómeno interno (tales como la forma, el color, el tacto o el olor de tu propio cuerpo) y apegarte a él. En realidad, el que tales objetos externos o internos sean agradables puede estar determinado sólo en el contexto de una conciencia dotada con discriminación y sentimiento. Es difícil decir que un objeto es agradable y atractivo fuera de ese contexto. Es por eso que decimos, «esto *me parece* bonito» o «esto *me* atrae».

Lo agradable y lo desagradable son términos subjetivos, determinados por una persona o, más específicamente, por una conciencia particular. Sin embargo, en hechos concretos, queda abierta la duda de si el objeto es agradable o no, si es útil o no. Las ideas exageran las cualidades de un objeto que se estima deseable hasta el punto donde es completamente tentador, atrayendo tu mente hacia él como el aceite que se empapa en un paño. Es como si tu mente se disolviera en el objeto deseado, mezclándose completamente con él, haciéndosele muy difícil separarse de él.

El psicólogo que mencioné anteriormente decía que, cuando generamos lujuria y odio, del ochenta al noventa por ciento de esa percepción es pretenciosa, exagerada por el pensamiento. Ésta es exactamente la misma noción que se encuentra en los textos budistas respecto a las actitudes exageradas que llamamos «sobreimposiciones de modos infundados de pensamiento», o más sencillamente, invenciones fantasiosas o tonterías.

Sin embargo, el bien y el mal sí existen; lo útil es bueno, y lo perjudicial es malo. Es difícil determinar el bien y el mal excepto en relación a los sentimientos de placer y de dolor, pero debemos discriminar aún más. Debemos llegar a desilusionarnos de la existencia cíclica y aspirar a alcanzar la liberación. El deseo se divide en dos tipos fundamentales, aflictivo y no aflictivo. Cuando se dice, por ejemplo, que debemos contentarnos con pocos deseos, estos deseos no son aflictivos; el otro tipo, fundado en la exageración, es aflictivo.

De manera semejante, el odio es un estado mental irritado

que se basa en la exageración (de otra persona, de tu propio dolor, o incluso de la causa de un dolor, tal como una espina) que hace que algo parezca más desagradable de lo que realmente es; el odio nos subleva contra ese objeto y nos impulsa a hacerle daño. Sin embargo, un intenso rechazo de las emociones aflictivas que logra entusiasmarte al respecto resulta benéfico, ya que, al igual que la intensa compasión, surge de la reflexión sobre observaciones bien fundadas, no de una emoción aflictiva que está fuera de control. Es importante hacer estas distinciones entre actitudes aflictivas y no aflictivas.

LA IGNORANCIA CONDUCE A OTRAS EMOCIONES AFLICTIVAS

En suma, tanto la lujuria como el odio se producen a partir de una exageración ignorante de la naturaleza de las cosas que va mucho más allá de lo que realmente existe. Esta ignorancia genera otras emociones afectivas. Cuando piensas, erróneamente, que tú mismo existes como una entidad plenamente independiente, esto engendra una distinción artificial entre tú y el otro. Esta bifurcación estimula el apegarse a lo que está de tu parte y a hacerle resistencia a lo que está de la parte de los demás, lo cual le abre la puerta al orgullo, a exagerar tus cualidades reales o imaginarias tal como riqueza, educación, apariencia física, origen étnico y fama.

Cuando se engendra una emoción aflictiva, se pierde la independencia. Al menos por cierto tiempo, porque tu mente está perturbada, lo cual debilita tu capacidad de juicio. Cuando se genera un intenso deseo o un intenso odio, te olvidas de analizar si una acción es adecuada o no, y puedes incluso hablar enloquecidamente y hacer gestos descompuestos. Luego, cuando esa emoción se desvanece, terminas avergonzado y lamentándote por lo que has hecho. Esto nos muestra que durante la intensa emoción, perdemos nuestra capacidad de distinguir entre bien y mal, adecuado e inadecuado, y caes bajo el absoluto control de esa lujuria o ese odio.

En ese momento, por estar exaltado, creaste una incomodidad adicional entre los que te rodeaban. Cuando alguien se enoja, hasta los transeúntes se sienten incómodos; y los íntimos, entristecidos y perturbados. Si se emprenden acciones odiosas, la perturbación se propaga. De este modo, las emociones aflictivas arruinan tu vida y las vidas de otros en tu familia, tu comunidad o tu sociedad. Vemos, pues, que todos los enojos que abundan tanto en el mundo parten de los tres venenos de la lujuria, el odio y la ignorancia. Como dice Songkapa:

Cuando surge una emoción aflictiva, al principio te aflige tu mente, llevándote a errar respecto a lo que observas, reforzando tus proclividades latentes y causando que el mismo tipo de emoción destructiva se repita. Esto puede perjudicarte a ti, a otros, o a ambos; lleva a cometer fechorías en esta vida, en vidas futuras o en ambas. Crea experiencias de dolor y angustia, así como los sufrimientos de reencarnar en la existencia cíclica y así sucesivamente. Te aleja del nirvana, destruye tu virtud y dilapida tus recursos. En sociedad, te sientes aprensivo, triste y desconfiado.

Creas o no en la religión, es importante que identifiques estas tendencias destructivas por lo que ellas son. El veneno debe ser reconocido como veneno. Si no lo ves con claridad, podrías considerar estos exabruptos como una parte natural de la vida, más que señales de que estás atrapado en una conducta contraproducente. Estas tendencias son simplemente lesivas, tanto para ti como para los demás.

El hecho es que el sufrimiento debido al dolor físico o mental, al cambio, o al acondicionamiento dominante se genera cuando caemos bajo la influencia de opiniones erróneas acerca de la naturaleza de las personas y de otros fenómenos. Éste es el mensaje de la segunda noble verdad, la verdad acerca de los orígenes del dolor.

LA VERDAD DE LA CESACIÓN

La tercera noble verdad conlleva la cesación. Songkapa dice:

Desde el momento en que veas que la concepción del ego puede eliminarse, te dedicarás a actualizar su fin. Buda luego estableció la verdad de la cesación.

¿Qué es la cesación? Cuando generamos un antídoto para una causa particular, ésta cesa, con lo cual los efectos de la causa no se producen. El término «cesación» o «detención» indica que lo que se ha detenido no cesa por voluntad propia, sino mediante un esfuerzo. Si la causa se deja como está, continuará produciendo sus efectos sin cesar. Sin embargo, al hacer un esfuerzo para generar sus antídotos, debilitas la causa y te liberas de sus efectos. Como decía el mediador tibetano Potowa:

> Porque todo el tiempo que hemos vagado a través de la existencia cíclica en el pasado, ésta no se ha detenido por sí misma. Dado esto, no se detendrá ahora tampoco. Por tanto, debemos detenerla y el momento de hacerlo es ahora.

Mediante tu propio esfuerzo debes detener las emociones destructivas que causan el sufrimiento, y así ponerle fin a las acciones contaminadas por esas emociones destructivas. Si las dejas como están, seguirán produciendo sufrimiento.

¿Cómo pueden detenerse las emociones contraproducentes? Mediante la presión de una fuerza contraria. La mayoría de los fenómenos externos, si no todos, tienen fuerzas contrarias, como el calor y el frío. La presencia de fuerzas contrarias crea la posibilidad del cambio; por tanto, cuando necesitas contrarrestar algo, debes primero identificar su fuerza contraria; cuando incrementas su poder, la fuerza de su contrario disminuye. Por ejemplo, cuando enciendes un ventilador o un aire acondicionado la sensación de calor disminuye: deliberadamente hemos aumentado el frío, que es lo opuesto del calor.

Lo mismo ocurre con ciertas actitudes internas. Por ejemplo, el deseo nos acerca a un objeto, mientras la ira nos aleja de él. En la vida ordinaria, el placer y el dolor se asocian fundamentalmente con el cuerpo. El deseo trae a los factores que sostienen y dan placer al cuerpo, en tanto la ira rechaza los factores que lesionan al cuerpo. El deseo aúna las cosas, en tanto la ira las separa y las distancia.

¿Cuál es el problema con la lujuria y el odio? Aunque la atracción de factores provechosos es necesaria, el deseo lujurioso es prejuiciado al exagerar las cualidades favorables de un objeto a expensas de ver la situación real, de manera que las acciones basadas en esta actitud distorsionada inevitablemente resultarán conflictivas. Peor aún, el odio siempre andará cerca. Sin embargo, el amor compasivo no se basa en un concepto erróneo. El amor compasivo parte de la reflexión sobre el significado y propósito y, por tanto, surge de un discernimiento claro de la situación. Se basa en una verdadera consideración de la otra persona.

Aunque deben eliminarse las condiciones desfavorables, cuando se eliminan con odio, estos medios de socorro crean sus propios problemas, porque el odio, teñido por su prejuicio, no percibe la verdadera situación. Sin embargo, así como el amor compasivo puede lograr exitosamente las condiciones favorables sin generar emociones aflictivas, así mismo la sabiduría —es decir, el analizar los hechos y discernir la situación real— puede eliminar las condiciones desfavorables.

Tal como tratamos un fenómeno externo desfavorable al buscarle su contrario e incrementar su poder, tomamos lo contrario de un fenómeno mental y lo incrementamos. La oposición aquí significa que las dos actitudes son contradictorias, como es el caso del amor compasivo y el odio, que une y separa respectivamente.

La oposición abre el camino de la transformación. Cuando las causas del sufrimiento son emociones aflictivas, el volverse hacia actitudes que se les oponen promueve un cambio saludable. Cuanto más te encamines hacia ellas, estas actitudes se fortalecerán porque son razonables y genuinas, en tanto las emociones aflictivas —pese a ser fuertes por estar tan habituados a ellas— disminuyen en presencia del análisis.

Las emociones contraproducentes se basan en la incomprensión de la naturaleza de uno mismo, y de las cosas, y puesto que tal ignorancia es errónea, todas las actitudes que genera también son erróneas. No importa cuán fuertes lleguen a ser las emociones aflictivas, son equivocadas. Por ejemplo, cuando un estado doloroso se confunde con el placer o cuando algo que es impermanente es visto como permanente, estas perspectivas son erróneas, lo cual significa que sus contrarios se basan en la razón. Estas actitudes contrarias son mutuamente exclusivas, ya que una parte se sustenta en un fundamento válido y la otra no, y una se debilita con el tiempo y la otra se hace cada vez más fuerte según te adiestras en ella.

Si las causas del sufrimiento cesan o no depende de si la mente se controla o no. Cuando comprendas esto, decidirás a controlar tu mente y realizar la cesación, tal como Buda indicó.

En suma, las causas del nivel más profundo de sufrimiento son las emociones aflictivas, que están arraigadas en la idea errónea de la existencia intrínseca. Esta ignorancia puede ser contrarrestada eficazmente por su antídoto. En general, una vez que se aplica una poderosa contramedida a algo impermanente, ese fenómeno puede eliminarse. El saber simplemente que nuestro punto de vista de la existencia intrínseca es erróneo puede contrarrestar esta percepción equivocada y llegar finalmente a eliminarla.

La iluminación lleva consigo un sentido de purificación o de limpieza, que significa la liberación del dolor mediante la generación de un antídoto. Ese estado de llegar a purificarse se llama «cesación», que es la tercera de las nobles virtudes. Cuando comprendes que es posible la eliminación de estos problemas indeseables, sientes un vivo deseo de alcanzar ese estado.

LA VERDAD DE LOS CAMINOS

¿Cómo podemos lograr la separación de las causas del sufrimiento? Esto no puede lograrse tan sólo mediante la oración o el deseo. Aun los resultados limitados exigen esfuerzos. Sin esfuerzo, el logro es imposible. Por ejemplo, cuando queremos comer, no podemos lograrlo con sólo acostarnos y desearlo; tenemos que comprar víveres y cocinarlos. Debemos esforzarnos hasta un cierto grado a fin de ser libres del sufrimiento. Cuando compruebas esto, aumenta tu resolución para poner en práctica las técnicas, los caminos, que conducen a la libertad.

Resalta entre estas técnicas la comprensión directa de la inidentidad porque éste es el antídoto para la perspectiva equivocada que es la fuente del sufrimiento. Exige una adiestramiento especial en la sabiduría y, a fin de penetrar tan poderosamente en la realidad, es necesario adiestrarse en la meditación concentrada, la cual, a su vez, descansa en el adiestramiento en la moralidad. Los caminos a la libertad se estructuran como tres adiestramientos: moralidad, meditación concentrada y sabiduría.

La moralidad inhibe las acciones lesivas basadas en la autoprotección, la cual, al entrar en vigor, trae consigo la capacidad de mantenerse al tanto de la motivación interna. Luego, el adiestramiento en la meditación interna aumenta esta capacidad mental al concentrar su fuerza, que anteriormente estaba dispersa, en un solo objeto. Valiéndose de la meditación concentrada, la mente puede concentrarse en la verdadera naturaleza de las cosas y, de este modo, sostener el adiestramiento en la sabiduría. Con sabiduría, uno puede ser más eficaz en ayudar a otros. Por ser estas técnicas —los tres adiestramientos de moralidad, meditación concentrada y sabiduría— el camino para escapar del ciclo del dolor, se les llama la verdad de los caminos.

Contemplación

Reflexiona:

1. La mente y el cuerpo caen bajo la influencia de emociones destructivas, y las acciones (karmas) movidas por estas actitudes contraproducentes mantienen a los seres en estados temporales como dioses, semidioses, humanos, animales, espíritus hambrientos y seres infernales.

2. La manera de salir de esta situación es abordar las emociones aflictivas directamente, lo cual evita que se activen los karmas previamente acumulados y en consecuencia no pueda manifestarse una nueva vida de sufrimiento. De este modo, los karmas que quedan en tu corriente mental continua se desactivan.

3. La liberación es un estado de separación del peso de vivir con una mente y un cuerpo sujetos al control de las emociones destructivas y del karma.

4. Hay cuatro nobles verdades:

   • Los fenómenos internos y externos que se crean a partir de emociones destructivas y del karma son verdaderos sufrimientos.

- Las emociones aflictivas y los karmas son los verdaderos orígenes del sufrimiento.
- La pacificación de las emociones aflictivas es la liberación, o la verdadera cesación.
- Los medios para apaciguar las emociones aflictivas se conocen como los verdaderos caminos.

5. Las primeras dos de las cuatro verdades, el sufrimiento y sus fuentes, indican lo que necesitamos descartar; las últimas dos, las cesaciones y los caminos, apuntan hacia lo que debemos adoptar.

6. Puesto que nosotros no queremos el sufrimiento, debemos *reconocer* su plena extensión para entonces procurar liberarnos de él. Una vez que hayamos decidido que no queremos estos efectos dolorosos, debemos *abandonar* las emociones destructivas que los causan, las fuentes del sufrimiento. A fin de lograr una cura debemos *actualizar* la cesación de las fuentes del dolor. Para hacer esto, debemos *cultivar* el camino.

7. Si no tienes una firme intención de escapar de las garras del acondicionamiento dominante al contemplar sus perniciosas obras, el desarrollo de una cabal compasión estará fuera de tu alcance.

8. Las emociones contraproducentes son inapacibles, incómodas, estresantes y perturbadoras.

9. La lujuria conduce a la ira cuando se frustra.

10. Nos buscamos problemas al confundir la verdadera naturaleza de las personas, pero también al tomar lo que es impuro por puro, lo que está en estado de dolor por placer y lo que es impermanente por permanente.

11. Nuestro nacimiento a partir de emociones aflictivas y del karma significa que estamos propensos a esas mismas emociones, a generar lujuria por lo atractivo, odio por lo inatractivo y confusión por lo que no es ni una cosa ni otra.

12. Si el envejecimiento ocurriera de súbito, sería intolerable.

13. La enfermedad desequilibra los elementos del cuerpo, provocando el dolor físico que, a su vez, provoca el dolor mental, el debilitamiento de la vitalidad y la imposibilidad de alcanzar la plenitud.

14. Sufrimos al ver que la muerte nos separara de objetos, familiares y amigos agradables, y en el proceso de morir podemos vernos sujetos a muchas molestias.

15. Nuestro complejo mente-cuerpo sirve de base al sufrimiento actual (proyectado por emociones aflictivas y karmas anteriores) que se manifiesta en el envejecimiento, la enfermedad y la muerte, y nuestra respuesta habitual a las situaciones dolorosas promueve el sufrimiento futuro.

16. Al asociarse con tendencias disfuncionales, nuestro complejo mente-cuerpo induce un sufrimiento manifiesto; la

existencia de esta clase de mente y de cuerpo es en sí una expresión del sufrimiento del acondicionamiento dominante.

17. Puesto que el dolor y el placer surgen de causas y condiciones, estos sentimientos están sujetos a técnicas que brindan alivio.

18. Entre los dos orígenes del sufrimiento, las acciones contaminadas y las emociones aflictivas, estas últimas (lujuria, odio e ignorancia) son la causa primaria, y entre esas emociones contraproducentes impera la ignorancia porque la lujuria y el odio surgen de la exageración de la condición de un objeto más allá de lo que realmente es.

19. Cuando ves que esta ignorancia puede eliminarse porque carece del sostén de la cognición válida, decides controlar tu mente para lograr lo que se conoce como cesación.

20. La presencia de fuerzas opuestas indica posibilidades de cambio; cuando debas contrarrestar algo, identifica primero su fuerza contraria, y cuando aumentes el poder de ésta última, la fuerza contraria disminuirá. Ya que las causas del sufrimiento son las emociones aflictivas, contar con actitudes que se le opongan promueve un cambio saludable.

21. Entre los caminos que conducen a la libertad el principal es la comprensión directa de la inidentidad (la vacuidad de la existencia intrínseca) porque ésta tiene el poder de servir como un verdadero antídoto a la causa del sufri-

miento. Este adiestramiento especial en la sabiduría exige una meditación concentrada, que a su vez depende del adiestramiento en la moralidad. Por tanto, la atenuación del sufrimiento depende de tres adiestramientos: moralidad, meditación concentrada y sabiduría.

13

Las implicaciones de la impermanencia

> ¿Ayudaría a una persona enferma
> la simple lectura de un texto médico?
> —SHANTIDEVA

Ya se nos han presentado las afortunadas circunstancias internas que nos permiten ejercer la práctica, y debemos resaltar esto porque el conocimiento de su valor nos influirá para no desperdiciarlas. Sin embargo, la postergación puede interferir fácilmente con nuestra intención de hacer buen uso de la situación. La receta para ponerle fin al retraso es la meditación sobre la impermanencia; razón por la que en este capítulo exploraré más profundamente esta importante práctica.

Al enseñar las cuatro nobles verdades, Buda empezó por

hablar acerca del sufrimiento, llamando la atención sobre la impermanencia. Así mismo, cuando él propuso su opinión filosófica en cuatro aforismos, primero habló de la impermanencia.

Todas las cosas compuestas son impermanentes.
Todas las cosas contaminadas con emociones aflictivas son
  miserables.
Todos los fenómenos son desinteresados.
El Nirvana es la paz.

La razón para hacer énfasis en la reflexión sobre la impermanencia es que tantísimos de los problemas y dificultades en que nos metemos se crean por nuestro error de tomar por permanente lo que en realidad es impermanente. Para entender este tema importante debemos hacer primero una distinción entre la impermanencia burda y la sutil. Todos nosotros notamos los cambios que ocurren en las estaciones, en nuestros cuerpos y en otras cosas por el estilo; estos son ejemplos de impermanencia burda. Por ejemplo, cuando se rompe una taza, el flujo continuo de su existencia cesa, y cuando una persona muere, el flujo de momentos de esa vida particular cesa.

Advertimos cambios en el transcurso de semanas, o meses, o años, tales alteraciones burdas son innegables, pero estos cambios a gran escala son el resultado de cambios más pequeños y mucho menos obvios que ocurren constantemente. A partir de la existencia de los cambios burdos podemos inferir que las cosas cambian a cada momento; esto es la impermanencia sutil.

En las cuatro nobles verdades y en los cuatro aforismos, Buda se refiere a la impermanencia sutil, a la desintegración constante de todo lo que tiene una causa. Cuando contemplas profundamente la impermanencia sutil, comprendes que las cosas causadas por algo más tienen una naturaleza de mutabilidad a partir del momento mismo en que surgen. Lo tengo presente mientras explico esto respecto a los cuatro aforismos; este conocimiento tiene un tremendo impacto.

EL PRIMER AFORISMO

Los textos budistas sobre el razonamiento enfatizan repetidamente que todo lo que es hecho a partir de causas y condiciones es necesariamente impermanente. Cuando examinamos este enunciado puede parecer que existe una disyunción entre las dos partes, «hecho por causas y condiciones» e «impermanente». El ser hecho por causas y condiciones indica que algo está recién establecido, mientras la impermanencia indica que algo cesa, se detiene, se desintegra. El establecimiento y la cesación parecen tener diferentes significados, pero al reflexionar más adelante veremos que el hecho de que algo es creado significa que tiene una naturaleza que se desintegra constantemente.

Desde que surge, un fenómeno tiene el carácter de la impermanencia ya que cesa a cada momento. La desintegración se produce por las mismas causas que crean el fenómeno, nada más es necesario. Los factores que lo crean lo llevan a desintegrarse.

Consideremos los primeros dos momentos de una mesa: es un poquito complicado, pero importante para meditar en ello detenidamente. Al tiempo del segundo momento de una mesa, su primer momento ya se ha desintegrado. El primer momento sencillamente no ha permanecido. A partir de este hecho podemos ver que durante el primer momento la mesa se está desintegrando; el primer momento no permanece; se aproxima a la extinción. Por tanto, el primer momento tiene en sí mismo una naturaleza en vías de desintegración.

¿Qué causa esta desintegración? No le corresponde a ninguna otra causa que trasciende las que producen la mesa misma; esas mismas causas la crean con una naturaleza de desintegración. Éste es el significado del enunciado de que todo lo que es creado por causas y condiciones es necesariamente impermanente. Ése es el primer aforismo: todas las cosas compuestas son impermanentes. Esto significa que todo lo que es creado por el concurso de causas es momentáneo. Al observar que la verdadera naturaleza de las cosas es la desintegración, no te sorprenderán los cambios cuando ocurran, ni siquiera la muerte.

EL SEGUNDO AFORISMO

El reflexionar en la constante desintegración de las cosas nos lleva a notar que las personas y las cosas no funcionan a partir de su propio poder, independientemente. En primer lugar, los fenómenos dependen para su misma existencia de las causas que los producen; en segundo lugar, su desintegración ocurre sin depender en causas ulteriores. Son totalmente dependientes de las causas y condiciones que las producen; están bajo la influencia de algo más allá de sí mismas, no sujetas a su propio poder.

Puesto que los efectos dependen de sus causas, las causas favorables producen buenos efectos, mientras las causas desfavorables producen malos efectos. ¡Si puedo hacer un chiste, éste no es para decir que los malos padres necesariamente tienen malos hijos, y los buenos padres necesariamente tienen buenos hijos! Una plétora de causas y condiciones participan en quién uno resulta ser.

Nuestro complejo mente-cuerpo en esta vida se formó debido a acciones, o karmas, en vidas anteriores, y esas acciones fueron propulsadas al menos por la ignorancia de la verdadera naturaleza de los fenómenos, pero también por la lujuria, el odio y sentimientos semejantes que se arraigan en la ignorancia. Así, pues, nuestra vida presente no está sujeta a su propio poder, sino que está influida por causas del pasado, especialmente la ignorancia.

La ignorancia misma tiene un nombre insano; indica falta de

conocimiento, pero en este contexto se refiere también a una conciencia torcida que confunde los hechos, y todo lo que de ella se deriva es miserable. La miseria aquí se refiere no sólo a una sensación dolorosa, sino a la condición más general de los tres niveles de sufrimiento que mencionamos antes.

Según el punto de vista budista, el ambiente externo y el complejo mente-cuerpo de seres vivos en el ambiente están configurados por acciones motivadas por la ignorancia. Cualquier fenómeno bajo la influencia de esta ignorancia tiene una naturaleza de sufrimiento. Ése es el segundo aforismo: todas las cosas contaminadas por karmas arraigados en emociones destructivas son miserables.

EL TERCER AFORISMO

El hecho de que algo es creado significa que depende de sus respectivas causas, pero las cosas parecen como si dependieran para existir de sus propias fuerzas, dando así una apariencia falsa de sí mismas. El complejo mente-cuerpo parece que funcionara con sus propias fuerzas, pero esto no es cierto. Carece de lo que parece ser.

Este conflicto entre la apariencia y la realidad indica que el sufrimiento puede eliminarse porque se basa en una visión errónea de lo que son las cosas. La ignorancia nos conduce a la conclusión de que las personas tienen una existencia independiente, pero eso no es cierto. Las personas y otros fenómenos carecen de tal estatus. Ése es el tercer aforismo: todos los fenómenos carecen de identidad.

EL CUARTO AFORISMO

Cuando comprendas que aceptar la existencia de las cosas de la manera en que parecen depender de sus propias fuerzas es simplemente erróneo, te darás cuenta que percibir los fenómenos carentes del modo en que parecen existir es válido y sabio. La ignorancia y la sabiduría son contrarias, de manera que cuando una aumenta su fuerza, la otra se debilita. Además, puesto que la ignorancia carece de un fundamento válido, puede eliminarse mediante la familiarización con la sabiduría. Al generar sabiduría podemos ponerle fin a la contaminación de la ignorancia y alcanzar la paz del Nirvana. Ése es el cuarto aforismo: el Nirvana es la paz, es la suprema felicidad.

Contemplación

Los cuatro aforismos, todos los cuales provienen de la doctrina inicial de la impermanencia sutil, tienen un gran impacto. Reflexiona sobre esto:

1. Las cosas creadas por causas cambian constantemente.
2. Las causas de los fenómenos mismos les hacen tener una naturaleza de desintegración desde el principio.

3. Los fenómenos impermanentes están totalmente bajo la influencia de las causas y condiciones que los producen.

4. Nuestro complejo mente-cuerpo actual no funciona conforme a su propia fuerza, sino bajo la influencia de causas pasadas, específicamente la ignorancia. Esto indica que está sujeta al dominio del sufrimiento.

5. Que nuestro complejo mente-cuerpo parece existir como dependiente de su propia fuerza, sin que resalte el conflicto entre su apariencia y la realidad.

6. La sabiduría propone que los fenómenos que percibimos carecen del carácter en que parecen existir; ésta es la manera en que podemos contrarrestar los errores que se cometen gracias a la perspectiva ignorante de que los fenómenos existen independientemente.

7. El minucioso desarrollo de la sabiduría produce la paz de trascender el sufrimiento, o nirvana.

LA MEDIDA DEL ÉXITO

Luego de repetida meditación sobre las culpas de la existencia cíclica que condujeron a vidas que giran a través del nacimiento, el envejecimiento, la enfermedad y la muerte, terminas por buscar la liberación a partir de las profundidades de tu corazón, como un preso desesperado que sale de una cárcel. No importa cuán difícil pudiera parecer al principio el llegar a generar tal actitud, advendrá con el esfuerzo persistente. Como dice Shantideva:

> No hay nada en absoluto que no llegue a ser más fácil
> cuando uno se ha acostumbrado a ello.

A tiempo, no serás arrastrado por pensamientos superficiales como «realmente tengo que tener esto», «esto es verdaderamente fascinante» y cosas por el estilo.

Si tu comprensión no alcanza este nivel, sino que es meramente verbal, no despertará tu mente de las profundidades. Tu compasión tampoco alcanzará la plenitud. Habiendo visto los problemas de la existencia cíclica desde muchos puntos de vista, los bodisatvas se apartan de la existencia cíclica con un intenso y obsesivo deseo de liberación; pero, movidos por la compasión, aceptan renacer para así poder ayudar a los seres sensibles. Al abandonar cualquier aspiración para ellos solos, promueven el bienestar de otros.

Volvamos ahora a considerar este compasivo nivel de práctica espiritual.

NIVEL SUPERIOR DE LA PRÁCTICA

14

El altruismo

El altruismo es una fuente de bondad para ti y los
    demás,
la medicina que alivia todos los problemas,
el noble camino que recorren los sabios,
alimento para todos los que lo ven, lo oyen, lo
    recuerdan y se ponen en contacto con él,
instrumento de gran eficacia para promover el
    bienestar de otros.
A través de él logras alcanzar plenamente tus propios
    intereses.

—SONGKAPA,

GRAN TRATADO SOBRE

LAS ETAPAS DEL CAMINO

La razón principal por la cual a Buda Sakiamuni, que vivió hace más de 2500 años, aún se le identifica como un ser ejemplar es el hecho de que él estuvo profundamente influido por una gran compasión. Su compromiso con el altruismo no se limitó a unos pocos actos de bondad o a un breve período de tiempo; él practicó obsesivamente la compasión en una vida tras otra durante incontables eones. Esta preocupación por otros, junto con el pleno desarrollo de la sabiduría, lo llevó a liberarse de todos los defectos, a estar dotado de todas las elevadas cualidades de un maestro iluminado, famoso hasta el día de hoy.

Es claro también que la fama de otros grandes maestros con numerosos seguidores, tales como Moisés, Jesús y Mahoma, surgieron del poder del altruismo. A través de la historia, las personas cuyas vidas verdaderamente nos inspiran son aquellas que se dedicaron a ayudar a los demás. Los admiramos y nos complacemos en leer acerca de ellos. Las biografías de aquellos que le han hecho daño a otros generan temor y repulsión cuando se leen o incluso cuando se piensa en ellas. Ambos tipos de biografías son de personas, pero la diferencia radica en su actitud, en sus intenciones de ayudar o de hacer daño. En verdad, cuando miramos con una mente desprejuiciada las historias sobre las vidas de personas prominentes a lo largo de los últimos tres mil años, las que juzgamos favorablemente son aquellas motivadas por el altruismo, en tanto las opuestas buscaron perjudicar a otros.

Cuando pasamos algún tiempo con alguien que parece amable, pero que no es tan amable interiormente, nuestra respuesta inicial cambia; ocurre lo opuesto con alguien que no es externamente tan atractivo, pero que tiene una actitud atractiva , y nos sorprendemos pensando, «esta persona es realmente agradable». La belleza de nuestra actitud interna es más importante. Hasta a los animales les gusta alguien con una buena actitud. Dudo que los animales juzguen a alguien por su belleza externa; ellos perciben la disposición interna, si el ser es compasivo o dañino. En este sentido, los animales son tal vez más confiables, en tanto los humanos, por pensar en las ganancias temporales, pueden ser más taimados y también embaucados con mayor facilidad.

Mi argumento es que si queremos que otros sean amables con nosotros, debemos tener una buena actitud hacia ellos. Los humanos gastan enormes sumas de dinero en embellecer sus cuerpos, y en comparación dedican muy poco a hacer sus mentes atractivas. Otros pueden embellecer tu cuerpo; pero sólo tú puedes embellecer tu mente.

EL ALTRUISMO TAMBIÉN AYUDA A UNO

Como dijera Songkapa en repetidas ocasiones, «Trabajar por lograr el bienestar de los demás, realiza a la larga el tuyo propio». Es una profunda verdad que según te dediques al beneficio de los demás, ésa es la medida en que tú mismo te beneficiarás. Muchos valoran el altruismo e incluso lo elogian, pero no ven su importancia en su propio bienestar. Algunos piensan incluso que una intensa devoción a los intereses de los demás afectaría su propio beneficio porque les exigiría abandonar su propio bienestar. Sin embargo, lo que debe frenarse no es el interés por tu propio desarrollo, sino el excesivo amor propio, en el cual el foco de tu atención se centra sólo en ti. Éste es el cambio, del amor propio al amor centrado en los demás, al que llaman los textos budistas.

Si la tontería del amor propio no se hace a un lado y se adopta la actitud del amor a los demás, no encontraremos ningún consuelo en este mundo y mucho menos alcanzaremos el estado sumamente altruista de la budeidad. Como dice Shantideva:

Si no mudas tu interés
de tu propia felicidad al alivio del dolor de los otros,
no sólo no alcanzarás la budeidad,
no habrá placeres mientras estés en la existencia cíclica.

INTERRELACIÓN

La esencia de la sociedad humana es la interdependencia. No importa cuán poderoso pueda ser un solo individuo, le es imposible ser exitoso estando totalmente solo. Los humanos tienen una naturaleza social y por tanto deben depender los unos de los otros. La lujuria fracasa en la tarea de unir hasta lo que es favorable para nosotros porque su esencia está viciada. En la lujuria lo que parece ser afecto por otro está prejuiciado, de manera que incluso la más ligera interferencia le da entrada al odio. El altruismo, sin embargo, es sumamente eficaz en unir los factores beneficiosos porque su naturaleza desprejuiciada nunca nos llevará a hacer un daño irracional. El altruismo está dotado solamente de buenas cualidades.

Tenemos que actuar para permanecer libres; sin emprender acciones moriríamos. Cuando nuestras acciones en cualquier desempeño son relevantes para la situación real, pueden lograr el resultado deseado. Piensa en lo que sería hacer una buena comida sin saber qué clases de vegetales usar y cómo cortarlos y cocinarlos. Sabiendo lo que se necesita, podrías hacer una buena comida. Del mismo modo es vital conocer la verdadera situación al emprender cualquier tipo de acción.

¿Cuál es la situación real? La felicidad que queremos depende de muchas causas y condiciones, así como el sufrimiento que queremos evitar. Siendo este el caso, el verdadero estatus de la felicidad y el sufrimiento puede alcanzarse tan sólo desde una perspectiva amplia; no puede verse desde una perspectiva estrecha. Ni el logro de la felicidad ni la evasión del dolor pueden lograrse atendiendo a un solo factor.

Con la lujuria y el odio tu perspectiva necesariamente se constriñe, limitada a un objetivo específico. Por ejemplo, cuando te enojas en medio de una situación dolorosa, no ves la red de condiciones que contribuyen a ese estado, en tanto si percibieras la totalidad de los factores que contribuyen a esa situación, el odio resultaría imposible. Al concentrarte tan sólo en un factor en particular entre los muchos que dan lugar a un problema, cierras la puerta a la amplitud mental y por consiguiente a tu propia felicidad.

Las emociones aflictivas exigen un objetivo fijo, aparentemente real y verdadero, que exista por sí mismo y que sea autónomo. Cuando las emociones destructivas ocupan la escena, resulta más difícil ver que la situación depende de una multitud de circunstancias interrelacionadas, en tanto es más fácil ver cuando la lujuria y el odio no están presentes.

Todos podemos apreciar que el altruismo, por otra parte, es una actitud no aflictiva; por su misma naturaleza es de criterio amplio, lo cual nos permite considerar fácilmente una amplia gama de factores interdependientes. Ya sea en economía, política, comercio, ciencia, cultura, bienestar social o cualquier tipo de actividad, nada sucede basado en una sola condición. Puesto que la verdad siempre se encuentra plantada en medio de una vasta red de condiciones, cuanto más amplia sea tu perspectiva, tanto mayor la posibilidad de éxito en la construcción de algo positivo para deshacer algo negativo.

Cuando intentamos arreglar un problema sin este amplio punto de vista, creamos un montón de dificultades para nosotros, mismos y para los demás. Muchas de las situaciones difíciles que vemos en el mundo actual se deben a no ver el cuadro más amplio, sino a concentrarnos tan sólo en una faceta, señalando, por ejemplo, a una sola persona como el origen de todos los problemas, pensando «éste es mi enemigo». El problema radica cuando te concentras tan sólo en tu interés personal; la solución está en preocuparte por los demás.

Con frecuencia le digo a aquellos con quienes me encuentro que si bien una explicación minuciosa de la perspectiva de la originación dependiente sí se encuentra en el budismo, no es meramente budista. Es decisiva en muchas situaciones a través de nuestro mundo. Esta perspectiva de interconexión es relevante en innumerables campos porque ofrece un punto de vista holístico, abarcador. El altruísmo es la puerta para abrirse a este amplio panorama.

EL ALTRUISMO CONLLEVA VALOR

El interés por lo demás también te da coraje. Cuando sólo estás preocupado con tu «yo», esto naturalmente conduce al temor y la ansiedad, dando lugar a más inseguridad aún, desequilibrando el cuerpo y plagándolo con problemas de salud. Sin embargo, bien dentro del altruísmo se encuentra el valor, que reduce el temor y te relaja, lo cual a su vez tiene efectos benéficos para la tensión arterial y el bienestar general del cuerpo.

Recientemente, cuando asistía a una reunión con unos científicos en Nueva York, un médico informó que las personas que constantemente usan la palabra «yo» tienen más probabilidades de sufrir un ataque al corazón. Sin embargo, cuando el interés por los demás es lo que prevalece, este brinda una amplia apertura que marca una extraordinaria diferencia. Si yo fuera médico, probablemente escribiría en las recetas de todos mis pacientes: «¡se altruista y te mejorarás!».

Cada uno de nosotros ha nacido en este mundo, y cada uno de nosotros cuenta con los medios para ayudar a otros. Una actitud generosa con los que se encuentran en nuestro respectivo campo de actividad los ayudará, aunque sólo se tratara de diez personas, aportándoles más consuelo y menos conflicto. Si cada uno de ellos, a su vez, trataran a las personas que se encuentran a su alrededor de manera semejante, luego, aunque el efecto sea gradual, con el tiempo resultará transformador. Es así como podemos cambiar al mundo.

PARA LLEGAR A SER UN PRACTICANTE DE GRAN CAPACIDAD

El modo de ascender a un nivel más elevado de la práctica espiritual es cultivando el altruismo hasta el punto en que buscar la iluminación a fin de servir más eficazmente a otros llegue a ser tu espontánea motivación interior. Este aspirar a la iluminación dirigida a otros se convierte en la forma suprema del altruismo cuando funciona junto con la sabiduría de la originación dependiente. Es por eso que en esta sección final del libro nos concentraremos en la manera de profundizar la compasión y de cultivar la sabiduría.

Buda mismo practicó la intención altruista para llegar a ser iluminado desde el momento de su inspiración original, y su máximo consejo a sus seguidores fue que interiorizaran esta intención para amar a otros más que a uno mismo. Me siento afortunado de enseñar cómo poner esto en práctica de acuerdo a sus ideas, así como las de aquellos grandes devotos eruditos indios, como Nagarjuna, y espero que tú también te sientas dichoso de estar leyendo acerca de estas cosas. Una tradición oral en el Tíbet relata la historia de un maestro de fines del siglo XVII que estaba dedicado a su práctica. Un día, luego de explicar este tema, dijo: «hoy tuve la oportunidad de hablar acerca del amor, la compasión y la intención altruista para llegar a ser iluminado, ¡y me siento tan renovado!»

Contemplación

Reflexiona:

1. Nos gustan las biografías motivadas por el altruismo, mientras el oír acerca de las vidas de aquellos cuyas acciones se derivan de un deseo de agredir a otros nos evoca temor y aprensión.

2. Una hermosa actitud interna es más importante que la belleza externa.

3. Sólo tú puedes embellecer tu mente.

4. Empeñarte en lograr el bienestar de otros realiza a la larga tu propio bienestar.

5. Lo que debe frenarse no es tu interés en tu propio desarrollo sino el auto-halago en el cual el foco de tu atención está casi exclusivamente centrado en ti mismo.

6. La lujuria fracasa en atraer lo que nos es favorable porque su esencia está viciada y es, por tanto estúpida. En la lujuria lo que parece ser afecto por otro está prejuiciado, lo cual permite que el odio penetre aprovechando la más ligera interferencia.

7. El altruismo es sumamente eficaz en la atracción de factores beneficiosos porque va acorde con la naturaleza de la interdependencia, que se encuentra en el alma de la interacción social.

8. La verdadera felicidad y libertad del sufrimiento pueden comprenderse tan sólo desde una amplia perspectiva; no pueden verse desde una perspectiva estrecha.

9. Con la lujuria y el odio, tu perspectiva está necesariamente constreñida. Al concentrarte en un factor particular entre los muchos que dan lugar a un problema, le cierras la puerta a la tolerancia.

10. Las emociones aflictivas exigen un objetivo aparentemente real y autónomo.

11. Cuanto más amplia es tu perspectiva, tanto mayor es la posibilidad de construir algo positivo o de deshacer algo negativo.

12. Concentrarte solamente en ti es el problema; interesarte por los demás es la solución.

13. Entender la interdependencia es relevante en innumerables campos porque ofrece una perspectiva abarcadora. El altruismo es la puerta para abrirse a ese amplio paisaje.

14. Cuando sólo te interesas en el «yo», esto naturalmente conduce al temor y la ansiedad, dando lugar a más inseguridad aún y desequilibrando el cuerpo.

15. El mundo puede ser transformado si cada uno de nosotros cambia de actitud; este cambio se propagará de una persona a otra.

16. El modo de ascender a un nivel elevado de práctica espiritual es desarrollar el altruismo hasta el punto donde buscar la iluminación a fin de servir a otros más efectivamente se convierte en tu motivación interna y espontánea en todo lo que haces.

15

Para engendrar la gran compasión

La estancia altruista de un tiempo ilimitado en
　el mundo.
Para los seres ilimitados que buscan
las cualidades ilimitadas de la iluminación
y realizan ilimitadas acciones virtuosas.

　　　　　　—NAGARJUNA,

　　　　　　　PRECIOSA GUIRNALDA

　　　　　　　DE CONSEJOS

Los budistas llaman «grande» a la perspectiva orientada hacia los demás porque tiene por objeto ayudar a un número ilimitado de seres, en tanto el ocuparse solamente de uno mismo sería insignificante. Puesto que los seres sensibles tienen disposiciones e intereses ilimitadamente diferentes, ayudarlos exige ilimitadas enseñanzas u otras actividades adecuadas a su estado. Además, puesto que no puede tenerse en cuenta la longitud del tiempo que requiera ayudar a otros, esto exige un compromiso ilimitado para establecer seres ilimitados en las ilimitadas cualidades de la iluminación.

Tal actitud altruista es ciertamente sorprendente. Buda dijo:

Si cualquier mérito que haya en la intención altruista
para llegar a ser iluminado tuviera forma,
llenaría toda la expansión del cielo
y lo excedería.

La presencia de esta actitud dirigida a los demás en tu conciencia te hace un bodisatva, un héroe (*satva*) que contempla la iluminación (*bodi*) por amor a los demás. Un lama llamado Ztoyon describió su actitud de esta manera:

Que las virtuosas raíces que he alcanzado gracias a haber compilado este libro tengan por resultado que, en lugar de mi budeidad siempre en vías de lograrse, permanezca yo en la existencia cíclica mientras exista el espacio, experimentando los sufrimientos de otros seres en lugar de ellos.

Existen dos métodos para engendrar este valeroso altruismo. Uno de ellos conlleva un serie de siete instrucciones de causa y efecto, y el otro una práctica de intercambiar el yo con el otro, lo cual explicaré en este capítulo y en el siguiente.

PASO FUNDACIONAL: LIBERAR TUS RELACIONES DE PREJUICIOS

Las siete instrucciones de causa y efecto comienzan con una práctica que no se cuenta entre las siete puesto que es el punto de partida. Este cimiento es la práctica de la ecuanimidad, una propensión a obrar cabalmente hacia los demás. Para desarrollar un compromiso profundamente amplio hacia otros, es necesario primero suavizar tu actitud hacia ellos, hacerla imparcial. Como dice Songkapa:

> Si no eliminas los prejuicios de estar apegado a algunos y de ser hostil a otros, cualquier amor o compasión que generes estará prejuiciado.

En el presente sentimos una sensación de intimidad, una cercanía del corazón, por nuestros amigos, lo cual nos facilita el desear que ellos se liberen de sufrimientos y alcancen la felicidad. Nos alejamos de nuestros enemigos, los desestimamos o incluso nos alegramos de sus infortunios. Hacia los que no son ni amigos ni enemigos nos sentimos indiferentes, ni atraídos ni repelidos. Como lo dice crudamente Songkapa:

> En el presente encuentras intolerable que tus amigos sufran, pero te complace que sufran tus enemigos, y eres indiferente al sufrimiento de las personas neutrales.

La simpatía ordinaria para los amigos puede incluso ser un obstáculo para generar compasión por todos los seres sensibles porque está prejuiciada. La simpatía usualmente se mezcla con el apego, que por tanto está mezclado con la emoción aflictiva. La verdadera compasión, por otra parte, proviene de apreciar que la aspiración de otros a disfrutar de la felicidad y a evitar el sufrimiento es la misma que la tuya, dando lugar a un deseo compasivo de que ellos también se vean libres del sufrimiento. Basándose en la razón, tal compasión no está afectada porque la otra persona sea un amigo útil o un enemigo dañino, o simplemente neutral. La verdadera compasión no depende de si la otra persona es amable contigo.

El afecto ordinario parte de ti, porque tú respondes a otro ser que es amable contigo. La simpatía ordinaria, nuestra intimidad habitual, está por tanto prejuiciada, mientras la compasión verdadera parte de los demás.

Reacciones transformadoras

El desarrollar la ecuanimidad no consiste en decirte a ti mismo que no tienes amigos ni enemigos, porque no hay que negar que alguien que te ayuda es un amigo y que alguien que te agrede es un enemigo. Sin embargo, puesto que con el transcurso del tiempo las cosas cambian, los amigos y los enemigos no deben ser categorías fijas. Lo que estás tratando de lograr es dejar de reaccionar ante algunas personas con apego simplemente porque en ese momento son amigos y dejar de reaccionar ante otros con hostilidad simplemente porque ahora mismo son enemigos. Como dice Songkapa:

> No es la noción de amigo o enemigo lo que necesitas superar, sino el prejuicio que proviene del apego y de la hostilidad, que se basan en la razón de que algunas personas son tus amigos y otros tus enemigos.

Al desarrollar la ecuanimidad buscas dejar de usar el hecho de que alguien está perjudicándote a ti o a tus amigos como una razón para ser hostil hacia esa persona. En lugar de eso, como dice Shantideva, debes tomar ese mismo hecho y usarlo como una razón para practicar la paciencia hacia esa persona. Después de todo, un enemigo es una oportunidad suprema para generar la importante práctica de la abstención compasiva y, por consiguiente, es muy valioso como un guía espiritual.

Contemplación

1. Imagina a un amigo, a un enemigo y a una persona neutral de pie ante ti.
2. Con una parte de tu mente considera tus actitudes hacia tu enemigo, tu amigo y la persona neutral.
3. ¿Parece ser tu enemigo completamente desagradable, habiéndote perjudicado a ti y a tus amigos en esta vida?

4. ¿Parece ser tu amigo completamente atractivo, habiéndote ayudado a ti y a tus íntimos en esta vida?

5. ¿No parece ser la persona neutral ninguna de estas dos?

6. Reflexiona que en el transcurso de muchas vidas e incluso dentro de la vida presente no hay certeza en absoluto de que un enemigo siga siendo un enemigo, un amigo siga siendo un amigo, o que una persona neutral permanezca neutral.

7. Decide que, por tanto, no es correcto clasificar sólo a un grupo por la intimidad, a otro por la indiferencia y a otro por la alienación.

8. Piensa que todos los seres son iguales, que quieren, al igual que tú, la felicidad y no el sufrimiento.

Reflexionando sobre esto eliminarás los prejuicios.

PRIMER PASO:
ENCONTRAR A TODO EL MUNDO AMABLE

Una vez que hayas desarrollado una actitud básica de obrar cabalmente hacia los demás, el primer paso para engendrar la compasión es encontrar una perspectiva a través de la cual puedas ver a todo el mundo con algún aspecto atractivo. Obviamente, esto no resulta fácil, pero considera lo siguiente:

- Puesto que la conciencia, como mencionamos antes, tiene que producirse a partir de la conciencia, su flujo continuo tiene que carecer de principio.

- Una vez que queda establecido que el flujo continuo de tu mente no tiene principio, la persona que depende de ese flujo continuo de conciencia tampoco puede tener un principio.

- Ya que la persona, o el «yo», no tiene comienzo, debe haber tenido que renacer una y otra vez.

- De aquí que, en la existencia cíclica de nacimiento y muerte puedes haber nacido en cualquier lugar con cualquier tipo de cuerpo.

- Los cuerpos asumidos en esos nacimientos deben haber incluido varios tipos, los vivíparos (que nacen directamente del vientre de sus madres) y los ovíparos (que nacen de un huevo).

- La mayoría de los vivíparos y los ovíparos necesitan de alguien que alimente y cuide al recién nacido.

- Por consiguiente, no hay nada dicho de que algún ser en particular no te haya cuidado en el pasado o no lo vaya a hacer en el futuro.

Los budistas llaman a esta reflexión «el reconocer a todos los seres sensibles como madres»; pero el modelo no tiene por qué ser tu madre; puede ser cualquier ser que te sustente. Buda dijo:

Me resulta difícil ver un lugar donde no hayas nacido, por el que hayas pasado o en el que hayas muerto en el vasto pasado. Me resulta difícil ver a una persona en el vasto pasado que no haya sido tu padre, tu madre, tu tío, tu tía, tu hermana, tu maestro, tu abad, tu gurú o tu guía.

De esta manera puedes llegar a ver que no hay ningún ser que no te haya cuidado o ayudado de una manera íntima.

Contemplación

Reflexiona:

1. Ya que resulta claro que la conciencia tiene que producirse a partir de una causa de tipo familiar, el flujo continuo de tu mente tiene que carecer de principio.

2. Ya que ves que el flujo continuo de tu mente no tiene principio, la persona que está fundada en la dependencia sobre el flujo continuo de la conciencia tampoco podría tener principio.

3. Puesto que la persona, o el «yo», no tiene ningún principio, debes haber renacido una y otra vez.

4. Por consiguiente, no se ha dicho nada de que en la existencia cíclica del nacimiento y la muerte, no te toque renacer en algún lugar en particular o con cualquier tipo particular de cuerpo.

5. Los cuerpos asumidos en esos nacimientos deben haber sido de varios tipos, incluidos los vivíparos (que nacen del

vientre de su madre, humana o animal) y ovíparos o nacidos de un huevo (las aves y otros animales por el estilo).

6. La mayoría de los vivíparos y los ovíparos necesitan de alguien que alimente y cuide al recién nacido.

7. Por consiguiente, no hay nada dicho de que algún ser en
particular no te haya cuidado en el pasado o no lo vaya a
hacer en el futuro.

8. En ese sentido fundamental, todo el mundo es cercano a
ti, íntimo.

SEGUNDO PASO: ESTAR CONSCIENTE DE CÓMO TODOS AYUDARON

El próximo paso en el desarrollo de la compasión es intensificar
este sentido de intimidad al reflexionar en la bondad de todos
cuando te cuidan. Recuerda cuando tu madre u otra persona te
sostenía con cariño durante la primera etapa de tu vida actual.
Piensa en cuánto afecto las aves y los mamíferos muestran por
sus hijos. Es en verdad asombroso; hasta la mayoría de los insectos hacen lo mismo.

Puesto que la mayoría de los animales recién nacidos exige
atención y cuidados durante semanas, meses y a veces hasta
años, se genera naturalmente un afecto entre el que recibe los
cuidados y el que los imparte. Los animales mamíferos tienen
un sentido de intimidad y afecto por la madre, y la madre tam-

bién tiene esos sentimientos por sus crías. Sin tal afecto, ella no se ocuparía de su prole. La biología misma exige la mancomunidad.

Sin embargo, hay algunos animales, tales como las tortugas y las mariposas, que no forman este tipo de relación entre madre e hijo. La madre pone sus huevos y los deja; el hijo tiene que arreglárselas como pueda. Dada que ésta es su naturaleza, me parece a mí que aun si la tortuga madre y la tortuga hijo se reuniesen después, no sentirían ningún afecto especial el uno por el otro.

A lo que me refiero no es espiritual, sino biología simple. Los seres que dependen unos de otros desarrollan naturalmente un sentido de afecto. Puesto que los humanos debemos depender de otros en los primeros años de la vida, tiene necesariamente que crearse un vínculo afectivo entre madre e hijo. Songkapa describe esta relación de la manera siguiente:

En su papel de madre, ella te protegió de todo perjuicio y te proporcionó todos los beneficios y toda la felicidad. En esta vida en particular, te cuidó infatigablemente de varios modos: te llevó largo tiempo en su vientre; luego, cuando eras un recién nacido indefenso, te sostuvo contra la tibieza de su cuerpo y te meció sobre la punta de sus dedos; te amamantó de sus pechos, te dio comida suave, te sopló la nariz y te limpió los excrementos.

Cuando estabas hambriento y sediento, te dio de comer y de beber; cuanto tenías frío, te abrigó; cuando no tenías nada, ella te dio todo lo valioso. Si padeciste alguna enfermedad, si sufriste algún dolor o estuviste amenazado por la muerte, tu madre eligió desde lo profundo de su corazón que ella prefería enfermarse a que tú te enfermaras, que prefería sufrir dolores a que tú los sufrieras, que prefería morir a que tú murieras. Al activar estos sentimientos, ella hizo lo que era necesario para aliviarte de esos problemas.

La íntima descripción de Songkapa nos invita a recordar y a imaginar cómo los miembros de la familia y los mejores amigos han cuidado de nosotros a través de vidas incontables.

En muchas oraciones tibetanas expresamos nuestros deseos de salud para «todos los seres sensibles madres». Debido a que esas enseñanzas están muy difundidas en el Tíbet, desde la infancia estamos acostumbrados a frases como ésas, que nos ofrecen un modelo de la manera en que debemos ver a otro y que prenden en nosotros una actitud generosa hacia otros. Esto nos ayuda, pues, a que al iniciarnos en las doctrinas acerca del amor, la compasión y la intención altruista para llegar a ser iluminados, nos esforcemos en llevarlas a la práctica. Esto es un valor de la cultura tibetana.

Contemplación

1. Recuerda las muchas maneras, ya se trate de animales o humanos, en que una madre u otro cuidador atiende a una criatura pequeña.

2. Ten en cuenta la manera en que una criatura pequeña, sea animal o humana, pone sus esperanzas en el que la cuida y genera afecto hacia aquel que la cuida.

3. Reflexiona sobre esta situación hasta que el sentimiento se despierte en ti.

4. Al darte cuenta de que en algún momento, en el transcurso de vidas incontables, tus amigos te han cuidado de este modo, reconoce su bondad.

5. Al darte cuenta de que en algún momento, en el transcurso de vidas incontables, personas neutrales te han cuidado de este modo, reconoce su bondad.

6. Al darte cuenta de que en algún momento, en el transcurso de vidas incontables, tus enemigos te han cuidado de este modo, reconoce su bondad.

De esta manera irás entendiendo gradualmente la íntima bondad que todos los seres te han mostrado.

TERCER PASO:
RECIPROCAR LA BONDAD DE OTROS

Todos estos seres sensibles, que pueden haberte mantenido generosamente en el transcurso de muchas vidas, están sujetos a dolores físicos y mentales. Aunque en el presente no sufran ningún dolor, cargan con las acciones que han realizado y que les traerán sufrimiento en el futuro y, en la actualidad, se encaminan en la dirección de acciones que les acarrearán más dolores. Puesto que es una costumbre generalizada en el mundo reciprocar la bondad y considerar bárbaros a los que no lo hacen, ¿cómo podría ser apropiado para alguien que es seguidor de Buda y que intenta interiorizar el elevado nivel de las prácticas budistas, ignorar a los que, movidos por la bondad, te han cuidado desde el principio?

Cómo responder a cambio

El responder a esta generosidad brindándoles asistencia temporal a los seres sensibles, aunque útil, no es suficiente, ya que no es algo que perdurará. Aun si ayudas a alguien a alcanzar una buena vida en su próxima reencarnación, será sólo uno entre muchos. Más que ofrecer apoyo temporal, la mejor asistencia es ayudarles a alcanzar el nivel de la paz duradera y estable de la liberación de la existencia cíclica y la plena perfección física y mental de la budeidad. Songkapa pinta un vívido cuadro de la actitud adecuada de la reciprocidad:

> Imagínate que tu madre está loca, incapaz de mantenerse serena. Está ciega, no tiene lazarillo y tropieza a cada paso mientras se acerca a un pavoroso precipicio. Si ella no puede esperar ayuda de su hijo, ¿en quién podría confiar? Si su hijo no asume la responsabilidad de librarla de su terror, ¿quien la asumiría? Su hijo debe liberarla.

Del mismo modo, la locura de las emociones aflictivas perturba la paz mental de seres vivientes, nuestras madres. Al no tener ningún control sobre sus mentes, están enloquecidas; carecen de ojos para ver el camino a un renacimiento favorable y a la definida bondad de la liberación y la omnisciencia. No cuentan con un auténtico maestro, un guía de ciegos. Tropiezan debido a sus acciones erróneas que las incapacitan a cada momento. Cuando estos seres maternales ven el borde del precipicio de la existencia cíclica en general y los dominios de la miseria en particular, naturalmente ponen la esperanza en sus hijos, y sus hijos naturalmente tienen una responsabilidad de sacar a sus madres de esa situación. Con esto en mente, reciproquen la bondad de sus madres liberándolas definitivamente de la existencia cíclica.

Aunque en general uno no debe hacer énfasis en las deficiencia de otros, en el contexto de esta meditación te concentras en la situación miserable de los que te cuidaron. Debes adiestrarte en la intención de devolverles su bondad a partir de una evaluación realista de su situación.

Contemplación

Reflexiona:

1. Todos los seres sensibles maternales que te han mantenido generosamente en el transcurso de tus vidas están sujetos a dolor físico y mental.

2. Así mismo, están agobiados por haber cometido acciones que les acarrearán sufrimientos en el futuro.

3. Además, en el presente se encaminan a realizar acciones que darán lugar a más dolor.

4. Sería vulgar no reciprocarles su bondad.

5. La mejor reciprocidad sería ayudarlos a alcanzar una paz estable y duradera en la dicha de la liberación de la existencia cíclica y la plena perfección mental y física de la budeidad.

6. Imagina:

> Tu madre está loca, ciega, desorientada, tropezando a cada paso que da según se acerca a un precipicio. Si no puede esperar ayuda de su hijo, ¿en quién podría confiar? Si su hijo no asume la responsabilidad de liberarla de este terror, ¿quién la asumiría? Su hijo debe liberarla. De la misma manera, la locura de las emociones aflictivas perturba la paz mental de esos seres vivos que te han cuidado. Al no tener ningún control sobre sus mentes, han enloquecido; les faltan ojos para ver el camino a un favorable renacer y a la bondad definitiva de la liberación y la omnisciencia. No tienen ningún maestro de veras, un guía para ciegos. Tropiezan a partir de sus acciones erróneas que los incapacitan a cada momento. Cuando estos seres maternales ven el borde del precipicio de la existencia cíclica en general y los dominios de la miseria en particular, po-

nen naturalmente la esperanza en sus hijos, y sus hijos naturalmente tienen una responsabilidad de librar a sus madres de esta situación.

Con esto en mente, adiéstrate en la intención de reciprocar la bondad de tus infinitas madres ayudándolas a lograr liberarse del sufrimiento y la limitación.

CUARTO PASO: CULTIVAR EL AMOR

El Buda derrotó a las huestes del mal con el poder del amor. Por tanto, el amor es el supremo protector.

—SONGKAPA

Por haber cultivado las meditaciones anteriores (propensión a obrar cabalmente hacia los demás, ver a todo el mundo como alguien que te ha cuidado, llegar a ser consciente de cómo te ayudaron y tener la intención de reciprocar su bondad) has llegado a tener un sentido de intimidad con todos los seres y un deseo de ayudarlos. En el próximo paso debes cultivar el amor.

Existen tres niveles de amor que han de cultivarse hacia los tres grupos identificados antes: tus amigos, los seres neutrales y finalmente los enemigos. Al imaginar que estás en presencia de un amigo, medita en cada uno de estos niveles de amor hasta que lo sientas profundamente:

1. Esta persona anhela la felicidad pero carece de ella. ¡*Cuán grato sería* si ella o él pudieran imbuirse de la felicidad y de todas sus causas!

2. Esta persona anhela la felicidad pero carece de ella. *Que* él o ella sean imbuidos de la felicidad y de todas sus causas.

3. Esta persona anhela la felicidad pero carece de ella. ¡*Haré todo lo que pueda* por ayudarla, o ayudarlo, a estar imbuido de la felicidad y de todas sus causas!

Cerciórate de que comienzas con seres individuales pertenecientes a estos grupos, y luego extiende gradualmente tu actitud amorosa cada vez más hasta que puedas abarcar a todos los seres sensibles. Como dice Songkapa:

Si te adiestras en estas actitudes de la imparcialidad, el amor, la compasión sin hacer distinciones y usando objetos específicos de meditación, pero sólo usando un objeto general, tal como «todos los seres» desde el principio, te *parecerá* que generas estas actitudes, y cuando intentes aplicarlas a individuos específicos, no podrás generarlas hacia ninguno. Por tanto, una vez que tengas una experiencia transformadora hacia un individuo en la práctica de tu meditación, aumenta gradualmente el número de individuos que consideres conveniente. Finalmente, toma todos los seres en general como objeto de tu meditación.

El valor de proceder de esta manera con los seres individuales
—primero los amigos, luego los seres neutrales y finalmente los
enemigos— es incalculable.

Contemplación

1. Imagina que tu mejor amigo está frente a ti y medita en
   cada una de las tres potencias del amor hasta que lo sientas
   profundamente:
   — Esta persona anhela la felicidad pero carece de ella.
   ¡Cuán grato sería si ella o él pudieran imbuirse de la felicidad y de todas sus causas!
   — Esta persona anhela la felicidad pero carece de ella.
   Que él o ella sean imbuidos de la felicidad y de todas sus
   causas.
   — Esta persona anhela la felicidad pero carece de ella.
   ¡Haré todo lo que pueda por ayudarla, o ayudarlo, a estar imbuido de la felicidad y de todas sus causas!
2. Extiende esta meditación a más amigos, uno por uno.
3. Imagina que una persona neutral está frente a ti y medita
   en cada una de las tres potencias del amor hasta que lo
   sientas profundamente:
   — Esta persona anhela la felicidad pero carece de ella.
   ¡Cuán grato sería si ella o él pudieran imbuirse de la felicidad y de todas sus causas!

— Esta persona anhela la felicidad pero carece de ella. *Que* él o ella sean imbuidos de la felicidad y de todas sus causas.

— Esta persona anhela la felicidad pero carece de ella. *¡Haré todo lo que pueda* por ayudarla, o ayudarlo, a estar imbuido de la felicidad y de todas sus causas!

4. Extiende esta meditación a más personas neutrales, una por una.

5. Imagina que el último de tus enemigos está frente a ti y medita en cada una de las tres potencias del amor hasta que lo sientas profundamente:

— Esta persona anhela la felicidad pero carece de ella. *¡Cuán grato sería* si ella o él pudieran imbuirse de la felicidad y de todas sus causas!

— Esta persona anhela la felicidad pero carece de ella. *Que* él o ella sean imbuidos de la felicidad y de todas sus causas.

— Esta persona anhela la felicidad pero carece de ella. *¡Haré todo lo que pueda* por ayudarla, o ayudarlo, a estar imbuido de la felicidad y de todas sus causas!

6. Extiende esta meditación a más enemigos, uno por uno.

Consideración por los desprovistos

Al cultivar el amor, otra técnica es recordar a todos los seres sensibles que sufren carencias, tales como los pobres y los vulnerables. Cuando oímos las noticias, constantemente nos enteramos de la existencia de seres que viven situaciones pavorosas, tales como hambrunas, inundaciones o extrema pobreza. Todos ellos, al igual que nosotros, anhelan la felicidad, pero debido a muchas circunstancias internas y externas, se encuentran en atroces apuros.

Es importante que cuando llamen tu atención seres que se encuentran en esas situaciones, cultives el amor hacia ellos pensando: «¡Qué horrible situación! ¡Ojalá alcancen la felicidad!». Si piensas de esta manera de vez en cuando al tiempo de ver las noticias en la televisión o de leer el periódico, te ayudará a cultivar el amor hacia todos los seres sensibles.

Podría cruzarte por la mente, «¿por qué me voy a molestar en pensar acerca de todo esto? Es mejor que me quede en mi propia zona de confort». Sin embargo, como mencionaba antes, cuando ayudas a otros, tú te beneficias en la misma medida.

Esto lo confirmarás por tu propia experiencia en esta vida; cuando tus propios problemas ya no dominen tu mente, verás mejoramientos en la salud física, apertura de perspectivas y paz mental. También, en el transcurso de vidas futuras los efectos de esta práctica seguirán brindándote consuelo.

Contemplación

Cuando veas en las noticias o leas en el periódico acerca de seres que viven en situaciones pavorosas tales como hambrunas, inundaciones y extrema pobreza, considera:

1. Todos estos seres son iguales a mí en anhelar la felicidad y en tener el derecho a alcanzarla, pero debido a circunstancias externas e internas se encuentran en atroces apuros.

2. Piensa: «¡Qué horrible situación! ¡Ojalá alcancen la felicidad!».

QUINTO PASO: LA COMPASIÓN

Cuando cultives la compasión considera la terrible situación en que tantos se encuentran. Tómate a pecho el incontable número de animales indefensos que son explotados por los humanos. Dirige tu atención hacia la excesiva matanza de animales. Cuando comas carne, has observaciones como ésta:«esta carne es sabrosa», «esta carne no es deliciosa», porque, en efecto, la carne que comemos es el cuerpo de un ser sensible, y no tenemos el derecho a hacerlo. Los humanos son excesivamente codiciosos. El inmenso número de granjas avícolas, de granjas porcinas, de granja de peces, debe reconsiderarse. En el pasado, la gente en todo el mundo mostraba más cuidado. Mataban animales, pero no en la escala actual. Con el fin de acumular más riqueza, se han establecido hoy gigantescas empresas para explotar a los animales. Cuando pensamos en la manera en que estos animales sufren, no hay modo de evitar el hacerles objeto del amor y de la compasión.

En el pasado no había tal cosa como una megagranja avícola, pero ahora bajo el dominio del desarrollo económico existen gigantescas empresas avícolas en los países más ricos, y casi todos los restaurantes ofrecen pollo. Reflexiona en las condiciones de esas enormes granjas de pollos, cómo sufren esos animales, cuánto miedo tienen y cuán vulnerables son. Eso atizará tu corazón hasta que te sea difícil soportarlo.

Piensa en tales situaciones para otros animales como las ovejas, las vacas, los yaks y los cerdos y, desde luego, los humanos. Todos quieren librarse del dolor y tienen el derecho a hacerlo, pero padecen sufrimientos indeseados uno tras otro. Piensa en ese dolor interminable, y eleva el deseo de que se liberen de él. Adiéstrate de este modo.

Consideración por los malhechores

Piensa también en los seres que están dedicados a cometer malas acciones. Si sufren en la actualidad alguna pena evidente o no, sus propias acciones les causaran dolores en el futuro y, en consecuencia, también deben ser objetos de compasión.

Consideración por las personas corrompidas por el poder

Si durante el nivel intermedio de la práctica identificas exitosamente los tres tipos de sufrimiento (el dolor físico y mental evidente, el sufrimiento del cambio y el sufrimiento del condicionamiento dominante) en lo que a tu propia vida respecta, entonces podrás entender fácilmente que muchas personas corrompidas por el poder creen erróneamente que los placeres mundanos son la verdadera felicidad. (Como explicaba antes, estos son en realidad ejemplos de los sufrimientos del cambio). Están sometidos a una influencia muy fuerte de las ideas aflictivas, están dominados por la ignorancia.

Si has tenido éxito en identificar tu propio sufrimiento debido al acondicionamiento dominante, también podrás entender con facilidad que todas las personas aparentemente poderosas también se ven acuciadas por el sufrimiento del acondicionamiento dominante, influenciadas por emociones aflictivas, privadas de vivir según su propia voluntad y amenazadas por la autodestrucción. Pensarás:

> Independientemente de quien sea, puede verse que estás personas desorientadas, aunque poderosas, están bajo la influencia de actitudes contraproducentes, haciendo la obra de la autodestrucción ¡En que lío se han metido! ¡Si tan sólo pudieran librarse del sufrimiento y de las causas del sufrimiento, que agradable sería!

Acerca de ganar y perder

En una situación donde alguien está siendo avasallado por otro, sentimos lástima de la persona que sufre el atropello y nos enojamos con el agresor. Vemos el sufrimiento del perdedor, pero no le prestamos atención ninguna al dolor aún mayor que el agresor padecerá en el futuro debido a la acumulación de karma por perpetrar una acción tan vil. El perdedor está cosechando el fruto de una mala acción realizada anteriormente y no tendrá que experimentarla otra vez, mientras el agresor está acumulando un nuevo karma que le causará experimentar a lo largo de muchas vidas el sufrimiento que es el fruto de esta conducta pavorosa. Desde esta perspectiva, deberíamos sentir mayor compasión por el perpetrador.

La capacidad de pensar de esta manera abre las puertas a la práctica de la paciencia. Por ejemplo, si alguien te hiere, reflexionarás que estás experimentando los efectos de una infortunada acción anterior y, en consecuencia, te están limpiando ese karma, pero tu atacante está acumulando un nuevo karma malo que ha de producir sus frutos amargos. Desde este punto de vista, puedes apiadarte del agresor; en lugar de enojarte con la persona que te agrede, sentirás compasión, abriendo el camino para generar paciencia, dominio propio y tolerancia.

Contemplación

Al igual que con el amor, la compasión ha de cultivarse primero hacia tus amigos, luego hacia los seres neutrales y finalmente hacia los enemigos. Medita en cada una de las tres crecientes potencias de la compasión hasta que la sientas profundamente.

1. Imagina a tu mejor amigo delante de ti y medita lo siguiente:

   — Esta persona quiere la felicidad y no el sufrimiento y, sin embargo, está afligida por un dolor físico y mental obvio, por el dolor del cambio y por el dolor del acondicionamiento dominante. *¡Qué bueno sería* si él o ella pudieran liberarse del sufrimiento y de las causas del sufrimiento!

   — Esta persona quiere la felicidad y no el sufrimiento y, sin embargo, está afligida por un dolor físico y mental obvio, por el dolor del cambio y por el dolor del acondicionamiento dominante. *¡Que* él o ella se libre del sufrimiento y de las causas del sufrimiento!

   — Esta persona quiere la felicidad y no el sufrimiento y, sin embargo, está afligida por un dolor físico y mental obvio, por el dolor del cambio y por el dolor del acondicionamiento dominante *¡Haré todo lo que pueda* para ayudarlo o ayudarla a liberarse del sufrimiento y de las causas del sufrimiento!

2. Extiende esta meditación a más amigos, uno a uno.

3. Imagina a una persona neutral delante de ti y medita en cada una de las tres potencias de la compasión hasta que la sientas profundamente.

4. Extiende esta meditación a más personas neutrales, una a una.

5. Imagínate al último de tus enemigos delante de ti y medita en cada una de las tres potencias de la compasión hasta que la sientas profundamente.

6. Extiende esta meditación a más enemigos, uno a uno.

Práctica gradual

En la medida en que te mantengas cultivando la compasión, día tras día, llegarás, en su momento, al punto en que sientas una intensa simpatía y empatía por todos los seres sensibles. Esto señala el instante en que has alcanzado la gran compasión. Kamalashila, en sus *Etapas de la meditación* dice:

Cuando espontáneamente sientas una compasión que desea eliminar completamente los sufrimientos de todos los seres vivientes —semejante al deseo de una madre de aliviar la enfermedad de su dulce y querido hijo— entonces tu compasión es plena y, por tanto, se le llama gran compasión.

Puesto que las fuerzas del egoísmo equivocado están plantadas en nuestras mentes, mantén esta práctica tanto en la me-

ditación como durante las actividades del día. Como dice
Songkapa:

> Tu flujo mental ha sido infundido a través del tiempo in-
> creado con el gusto amargo de las emociones aflictivas y, en
> consecuencia, no cambiará tan sólo porque cultives breve-
> mente el amor, la compasión y otros sentimientos semejan-
> tes. Por tanto, mantén la meditación continuamente.

SEXTO PASO: COMPROMISO TOTAL

En el penúltimo paso asumes la responsabilidad de brindarle
ayuda y felicidad a todos los seres sensibles. Para hacer esto no
basta desear que todos los seres sean dotados de felicidad y de
las causas de la felicidad y que sean liberados de las causas del
sufrimiento. Ahora debes asumir la carga del bienestar de otros
y decidir que brindarás ayuda y felicidad a todos los seres vivos
aun si tienes que hacerlo solo.

Contemplación

Para alcanzar esta suprema voluntad altruista:

1. Recuerda una y otra vez el significado de esta estrofa de
   la *Guía para el modo de vida del bodisatva*:

   > El espacio persiste y hay seres que transmigran.
   > Que yo persevere en aliviar los sufrimientos de los
   > seres sensibles.

2. Acuérdate de dedicar todas tus actividades virtuosas y los karmas benéficos establecidos en tu flujo mental al beneficio de todos los seres sensibles.

3. Resuelve:

> Aun si tengo que hacerlo solo, liberaré a todos los seres sensibles del sufrimiento y de las causas del sufrimiento, y relaciona a todos los seres sensibles con la felicidad y sus causas.

Según te vayas familiarizando gradualmente con estas contemplaciones, percibirás su impacto.

SÉPTIMO PASO: ASPIRAR A LA ILUMINACIÓN

Ahora que ya tienes una firme resolución de ayudar a otros, cuando analizas si tienes la capacidad para ayudar realmente a otros, te das cuenta de que a fin de resultar eficaz debes alcanzar tu propia perfección en cuerpo, lengua y mente. Esto se alcanza logrando la iluminación de un Buda, de manera que puedas conocer completamente las disposiciones de los demás y también las técnicas para enseñarlas. Debes llegar a la iluminación a fin de beneficiar de manera más eficaz a otros.

Cuando esta doble aspiración (ayudar a otros y alcanzar tu propia iluminación para ser del máximo servicio) se torna tan fuerte fuera de la meditación como lo es en la meditación, ya has generado la intención altruista de llegar a ser iluminado y te has convertido en un bodisatva (un héroe que aspira a lograr la iluminación).

Contemplación

1. Analiza si en el presente tienes la capacidad de ayudar a otros a llegar a alcanzar la felicidad y a liberarse del sufrimiento.

2. Piensa que además de proporcionar ayuda temporal, es necesario educar a los seres de manera que ellos mismos puedan llegar a ser iluminados.

3. Extrae la conclusión de que debes lograr la iluminación a fin de eliminar los obstáculos para conocer los intereses y disposiciones de los demás, y para saber cuáles son las técnicas necesarias para ayudarles.

4. Resuelve alcanzar la iluminación a fin de ayudar a otros a plenitud.

16

Intercambio entre el yo
y el otro

Cualquier júbilo que haya en el mundo
surge de desear la felicidad para los otros.
Cualquier sufrimiento que haya en el mundo
surge de desear tu propia felicidad.

—Shantideva

Ahora volvemos al otro método de generar interés por otros, llamado «intercambio entre el yo y el otro». Lo que debe frenarse no es el interés en tu propio desarrollo, sino la excesiva autocomplacencia, en la cual todo el foco de la atención está centrado solamente en ti. Empezamos por considerar cómo todo el mundo nos ha proporcionado ayuda.

CÓMO TODO EL MUNDO
TE HA AYUDADO

Tal como se explicó en el capítulo anterior, todo el mundo en ciertas ocasiones y en el transcurso de incontables vidas, te ha cuidado. Además de esto, todos los seres sensibles a través del espacio ilimitado, directa o indirectamente, te han prestado servicios que te han beneficiado. Independientemente de sus motivos, esas personas han sido generosos contigo. Por ejemplo, la comida, la ropa, la casa, la amistad, la reputación; y también accesorios tales como cámaras y relojes, te llegan por medio de otros seres sensibles.

Lo que comes llega a tu plato gracias a otros; granjeros que trabajan en los campos aun cuando llueve, mientras la mayoría de nosotros se refugia dentro de un edificio. También tienen que matar montones de insectos o plagas. Nuestra ropa de algodón viene de otros que han plantado el algodón, lo han cultivado y lo han recogido. Aunque gran parte de estas tareas es realizada por máquinas, exige muchísimo trabajo arduo. Piensa en la tela y el brocado de seda; piensa en todos los gusanos de seda que tienen que matar. Fíjate en las chaquetas de cuero y en los abrigos de pieles; pueden llevarse como adornos; pero todos provienen de animales muertos violentamente. Y la joyería de perlas; ¡imagina cuántas ostras tienen que matar!

Nuestros hogares son creados por constructores que trabajan arduamente; tan pronto como terminan una casa, tienen que salir para otra construcción. Nos mudamos y criticamos éste o el otro detalle. Fíjate en las difíciles vidas de los peones que están, en su mayoría, sujetos a ese tipo de vida.

Piensa incluso en una caja de zapatos, hecha con cuidado pero descartada de inmediato cuando llevamos a casa nuestros zapatos nuevos, aunque ciertamente algunos de nosotros le damos algún uso. Todas esas cosas existen gracias a otros.

La amistad depende de los otros. Tú solo no puedes tener compañía. Los humanos necesitan afecto, ¿verdad? Es reconfortante cuando otro ser nos muestra su afecto. Para eso se necesita un ser sensible. Hasta un gato o un perro saben cómo hacer esto, pero un diamante no puede, no importa cuán caro sea. Dudo que una mosca pudiera mostrarnos afecto, pero la mayoría de los animales pueden responder a nuestra muestra de afecto hacia ellos. La compañía depende de otros seres vivos, y es muy valiosa.

No puedes tener fama si estás solo. Exige que otros propaguen las noticias sobre ti.

Todas estas cosas, si nacen de una motivación para ayudarte o no, proporcionan un valioso servicio y, en consecuencia, debemos valorarla. Mi reloj no siente ningún afecto por mí, pero porque me ayuda, yo lo aprecio, incluso lo quiero, y evito que se golpee contra cualquier otra cosa. También, como dice Shantideva, valoramos el fin del sufrimiento, aunque, por carecer de pensamiento, la cesación del sufrimiento no siente ningún afecto por nosotros. Pero porque puede ayudarnos la apreciamos, y valoramos las prácticas espirituales que la procuran. Mi argumento es que el aprecio y el valor no dependen necesariamente de la motivación para la ayuda.

Nuestra vida humana en sí misma proviene de las acciones morales de vidas anteriores; de la misma manera, la longevidad, la salud, el estar dotado de recursos, el discurso encomiable y la fuerza provienen de acciones morales en nuestras vidas anteriores (como salvar la vida de otro o donar alimentos). La mayoría de estas acciones se llevan a cabo en relación con otros. El lograr una buena vida la próxima vez que volvamos es posible gracias a otros seres sensibles, así como lograr la liberación de la existencia cíclica. Aunque la sabiduría que comprende la inidentidad y el desarrollo de una meditación concentrada no dependen de otros, la práctica de la moralidad, que es su cimiento mismo, debe tener lugar en relación con otros porque la moralidad se basa en no causarle perjuicios a otros; sin otros seres sensibles no puedes realizar las acciones virtuosas que dejan de perjudicarlos. Por ejemplo, la virtud de dejar de matar exige la existencia de otros; como lo exige el abandono del robo, de la conducta sexual indebida, y la mayoría de otras virtudes. Sin los demás, estas virtudes que producen resultados positivos no podrían practicarse.

Huelga decir que el logro de la budeidad depende de otros, ya que las prácticas características para alcanzar ese estado son amor, compasión y la intensión altruista para llegar a ser iluminado, lo cual procede de la conciencia de los sufrimientos de otros y de conmoverse desde las profundidades del corazón para proporcionarles ayuda y felicidad. Debemos respetar a los que sufren tanto como respetamos a Buda; como dice Shantideva:

Los seres vivos y el Buda son semejantes
ya que a partir de ellos logras las cualidades de Buda.
¿Cómo es que no respetas a los seres vivos
tal como respetas al Buda?

De este modo llegamos a ver que otros te han beneficiado, intencionalmente o no, que te han ayudado directa o indirectamente.

Los enemigos son particularmente valiosos para los que cultivan el amor y la compasión. Lo que destruye el amor y la compasión es la ira, y lo que reduce la ira es la paciencia, la cual no puede practicarse sin un enemigo. Los enemigos brindan una valiosa oportunidad de practicar la paciencia, así que, desde ese punto de vista, son muy valiosos. Por consiguiente, resulta claro que todos los seres sensibles a través del espacio te han beneficiado directa o indirectamente, incluso durante tu vida actual.

Podrías protestar de que la cesación del sufrimiento no tiene ninguna motivación dañina y no obstante es valiosa; en tanto un enemigo desea perjudicarte, y no es comparable. Sin embargo, los médicos que podrían provocarnos dolor en el curso de un tratamiento que está motivado para ayudar, no nos dan la oportunidad de cultivar la paciencia, pero un enemigo que nos hiere por gusto si nos da esa oportunidad. En este caso la presencia de una motivación para hacer daño es más valiosa que su contrario; podríamos decir incluso que más amable.

CÓMO TODO EL MUNDO ES SEMEJANTE

Reflexiona también en cómo todos somos semejantes. Shantideva dice:

> Impermanente tú,
> ¿hacia qué ser impermanente
> sentirás lujuria?
> Impermanente tú,
> ¿Hacia qué ser impermanente
> sentirás odio?

No hay ninguna razón para considerarte una persona que vale la pena y descuidar a todos los demás. Tanto tú como los otros están igualmente atascados en la existencia cíclica con el peso de un sistema mente-cuerpo que nació de emociones destructivas y del karma. Tanto tú como los otros se acercan a la muerte bajo el influjo amenazante de la impermanencia.

Piensa, por ejemplo, en diez prisioneros que están a punto de ser ejecutados por el mismo delito; no tiene sentido para ninguno de ellos apegarse a algunos y enojarse con otros; después de todo, cada uno de ellos está a punto de morir. La única actitud sensible es la de ser generosos y pacientes unos con otros; sería tonto discutir, hacer distinciones entre «tú» y «yo». Del mismo modo, puesto que todos compartimos el mismo destino en la vida —el sufrimiento, la impermanencia y las emociones aflictivas— ¡cuál es el mérito de presumir ser gran cosa y de considerar a los demás por debajo!

LAS DESVENTAJAS DE LA AUTOCOMPLACENCIA Y LAS VENTAJAS DE COMPLACER A LOS DEMÁS

Reflexionemos ahora sobre los resultados de la autocomplacencia y la complacencia de los demás. Shantideva aborda sucintamente esto:

> Si no cambias el objeto de tu interés
> de tu propia felicidad al alivio del dolor de otros,
> no sólo no alcanzarás la budeidad,
> sino que no tendrás placeres mientras estés en la existencia
> cíclica.

Desde las profundidades de tu ser debes ver el egocentrismo como un defecto. Hasta ahora la autocomplacencia y su compañera la ignorancia han morado en el centro de tu corazón. Sea como un insecto o como un dios, la autocomplacencia ha modelado tu perspectiva, encubada por la ignorancia, de manera que tú has buscado tu propia felicidad tanto como has podido. Pero todas esas acciones destinadas a traerte la felicidad sólo han creado un caos.

Ya es hora de ver la autocomplacencia y la ilusión de la existencia intrínseca como inútiles, como desventajosas, como defectuosas. Deja atrás la autocomplacencia y asume la felicidad de otros. Deja atrás la ignorancia y asume la sabiduría de comprender la inidentidad.

Como dice Shantideva:

¿Qué necesidad hay de decir más?
Observa la diferencia entre estos dos:
Las personas ordinarias actúan en pro de su propio
    bienestar,
mientras el Buda actúa por el bienestar de otros.

Velando por otros, el Buda perfeccionó su propia mente y su propio cuerpo al comprender tanto su propio bienestar como el de los demás, alcanzando la dicha sempiterna y la mayor capacidad posible para ayudar a otros. Nosotros, por otra parte, por autocomplacernos y colocar el fantasma de la existencia intrínseca en el centro de nuestra perspectiva, hemos caído en la confusión.

A través de la enseñanza de Buda hemos llegado a conocer un poco acerca de qué adoptar y qué descartar de nuestra perspectiva y nuestra conducta, a ver el egocentrismo como defectuoso y provechosa la vida centrada en otros. Debemos identificar nuestra creencia en la existencia intrínseca como una perspectiva falsa y ruinosa que produce todos los sufrimientos; y en su lugar debemos generar la comprensión de la inidentidad, y luego aumentarla hasta un estado ilimitado. Esto podría parecer difícil de lograr, pero sucederá con la práctica.

Como suelo reconocer con frecuencia, no he alcanzado plenamente ni la intención altruista para llegar a ser iluminado ni la visión de la vacuidad, pero he llegado hasta el punto de ver que no hay otras opciones, al grado de llegar a tener alguna comprensión de la falta de existencia intrínseca, y percibo como irreal la aparición de personas y cosas como si existieran independientemente y, basado en esto, he experimentado todas estas cosas como ilusiones, teniendo un conflicto entre la manera en que se muestran y la manera en que existen realmente. Aunque esto no es una comprensión plena, marca una diferencia respecto a las emociones contraproducentes. Aunque al principio encontré difícil el altruismo, me he ido familiarizando gradualmente con él, cada vez parecía más posible, de modo que me convertí en un auténtico entusiasta. A partir de la práctica, mi vida ha llegado a ser más feliz. Esto es cien por ciento cierto.

Con la experiencia se fortalecen las prácticas que hemos aprendido en etapas anteriores del camino pero que no hemos comprendido realmente. Por ejemplo, la fe en los maestros de la preparación espiritual (que aprendimos en el primer nivel) aumenta por ver realmente el valor de sus enseñanzas y apreciar su bondad cuando pones en práctica las enseñanzas sobre la vacuidad (que se enseña en los niveles medio y superior). Según progresamos hacia la comprensión de la vacuidad, adquiere mayor fuerza el acto de buscar refugio en Buda, en su doctrina y en su comunidad espiritual, así como lo hace la intención de no malgastar la buena fortuna de esta vida humana, como lo hace la contemplación de la impermanencia. Muchas prácticas primitivas llegan a adquirir sentido cuando se experimentan las últimas.

Existe, en verdad, un orden definido respecto al desarrollo de una intención altruista para llegar a ser iluminado, ya que tal altruismo se basa en tener una gran compasión, que, a su vez, debe ser precedida por el desarrollo de una intención de liberarse de la existencia cíclica. En estos casos las primeras prácticas son los cimientos de las posteriores, y sin ellas las últimas no pueden generarse a plenitud. Sin embargo, en lo tocante a tus antecedentes, nivel de inteligencia e intereses, hay otros tipos de prácticas para las cuales el orden puede no ser tan estricto. Por ejemplo, cuando contemplas la transmigración desfavorable en la existencia cíclica y consideras cómo esa vida es conducida por la ignorancia respecto a los efectos de las acciones, esto es parte de las prácticas de una persona de menor capacidad. Pero cuando reflexionas sobre el hecho de que tal vida también está impelida por una ignorancia más profunda de la naturaleza de todas las cosas, esto se incluye dentro de las prácticas de una persona de mediana capacidad.

Por tanto, al adiestrarse en las etapas del camino, es importante identificar los pasos del cultivo de la meditación en cada nivel y obtener alguna experiencia de ellos, pero en lugar de esperar porque cada una de esas etapas llegue a alcanzar su plena florescencia, es mejor proceder con los niveles más elevados, mezclando de este modo su potencia, del mismo modo que tomamos una variedad de medicamentos que se compensan entre sí. Esto probablemente será lo más efectivo.

Contemplación

1. Tome esta idea a pecho:

> Todos los seres sensibles son esencialmente semejantes a mí en anhelar la felicidad y no querer sufrir. Todos nosotros queremos la felicidad y queremos librarnos del sufrimiento. Por tanto, ¿cómo podría ser justo sentir lujuria por alguien y odio hacia otros? ¡Debería ayudar a lograr la felicidad para todos!

Luego reflexiona sobre esto:

> Todos los seres sensibles anhelan exclusivamente la verdadera felicidad, pero no la poseen. No importa a quién pudieras considerar en los dominios de la existencia cíclica, todos están sometidos al sufrimiento del condicionamiento dominante. Dado esto, ¡a quién

podría considerar íntimo! ¡A quién podría considerar distante!

2. Imagina a diez mendigos, los cuales son igualmente menesterosos, y piensa cuán infundado es tener buenos sentimientos hacia algunos de ellos y no hacia los otros.

3. Imagínate a diez personas que están igualmente enfermas; ¿cómo podrías acercarte a algunas de ellas y distanciarte de otras?

Cómo todo el mundo te ha ayudado

4. Reflexiona en cómo todo el mundo te ha ayudado. Todos los seres sensibles, directa o indirectamente, te han provisto de servicios que te han beneficiado; independiente de su motivación o de que hayan sido amables contigo.

5. Todas las comodidades de esta vida dependen de otros seres sensibles. Reflexiona en detalle sobre cómo tu comida, tu ropa, tu casa, tu amistad, reputación y posesiones te llegan, todas ellas, por medio de otros seres sensibles.

6. Tu vida humana actual depende de acciones morales realizadas en vidas anteriores en relación con otros.

7. La longevidad, la salud, el estar dotado de recursos, el discurso encomiable y la fuerza provienen todos ellos de acciones morales que tuvieron lugar en vidas anteriores.

8. El alcanzar una buena vida futura se basa en acciones morales a favor de los seres sensibles.

9. La moralidad se basa en el principio de que no debemos perjudicar a otros, de manera que otros seres sensibles

son esenciales; sin ellos no podemos realizar las acciones virtuosas que los libran de perjuicio. La virtud de abstenerse de matar requiere la existencia de otros seres, como también la de abstenerse de robar o de tener una conducta sexual indebida, y la mayoría de otras virtudes. Sin otros seres sensibles, estas virtudes no podrían practicarse.

10. Puesto que la moralidad es el fundamento mismo de la meditación concentrada y la sabiduría, aun la liberación de la existencia cíclica se le debe a los seres sensibles.

11. El alcanzar la budeidad depende de los otros, puesto que las prácticas distintivas para lograr ese estado son el amor, la compasión y la intención altruista para llegar a ser iluminado, que provienen de reconocer a los seres sufrientes y sentirse movido desde lo profundo del corazón a llevarles ayuda y felicidad. De aquí por qué debemos respetarlos tanto como respetamos a Buda.

12. Los enemigos son particularmente valiosos para cultivar el amor y la compasión porque la ira destruye el amor y la compasión, y el antídoto para la ira es la paciencia, que puede practicarse sólo hacia alguien que te agrede. Puesto que los enemigos te proporcionan una valiosa oportunidad de practicar tal contención y tolerancia, son muy valiosos, incluso amables.

13. A diferencia de un médico que te causa dolor para ayudarte, un enemigo te agrede intencionalmente; éste es el

modo en que un enemigo te proporciona una oportunidad de cultivar la paciencia.

No hay ninguna buena razón para ser egocéntrico

14. No existe ninguna razón convincente para considerar que sólo tú vales la pena y descuidar a todos los demás. Tanto tú como los otros están igualmente sujetos a la existencia cíclica con la carga de un sistema psíquico-corporal impelido por emociones aflictivas y el karma.

15. Tanto tú como los otros se enfrentan a la impermanencia inminente y la muerte.

16. Imagínate a diez reos que van a ser ejecutados por el mismo delito; no tiene sentido que uno entre ellos se apegue a ciertos reos y se enoje con otros. La única conducta sensata es ser amable y paciente los unos con los otros; sería tonto discutir, haciendo distinciones entre «tú» y «yo».

17. Del mismo modo, todos nosotros hemos caído bajo la influencia del sufrimiento, la impermanencia y las emociones aflictivas. Dado que ésta es nuestra situación, ¡de qué sirve presumir de ser gran cosa y considerar a los demás por debajo de ti!

Las desventajas de la autocomplacencia y las ventajas de complacer a los demás

18. Hasta ahora, la autocomplacencia y su asociada, la ignorancia, se han residenciado en el centro de tu corazón. Pese a arrastrarte a toda clase de acciones que te aportan felicidad, estas actitudes sólo han creado un desorden.

Debes ver el egocentrismo como imperfecto desde las profundidades de tu ser.

19. Ahora es el momento de dejar atrás la autocomplacencia y de ocuparte de complacer a otros, de dejar atrás la ignorancia y asumir la sabiduría de comprender la inidentidad.

20. Al ocuparse de los demás, el Buda perfeccionó su mente y su cuerpo, brindándoles a ambos su propio bienestar y el de otros, logrando perpetua dicha y la mayor capacidad posible de ayudar a otros. Deberíamos hacer lo mismo.

21. Aunque podría parecer difícil de lograr, con tiempo y esfuerzo sucederá.

Ése es el medio de desarrollar un sentido de igualdad con otros que te motive a llevar ayuda y felicidad a todo el mundo en todas partes.

17

La percepción de la realidad

Todas las emociones aflictivas se vencen
mediante la derrota de la ignorancia.

—ARYADEVA,
CUATROCIENTAS
ESTROFAS

Al escuchar enseñanzas religiosas, meditar o realizar otras prácticas semejantes es importante que establezcas de antemano tu motivación. Nuestro ímpetu fundamental debe ser el procurar eliminar rápidamente los tres venenos de la lujuria, el odio y la ignorancia en todas sus formas groseras y sutiles —rehusar voluntariamente correr hacia ellas, para oponérseles. Esto establece como tu motivación el encaminarte hacia la liberación de la existencia cíclica.

Además, debes procurar participar en la conducta y las acciones de los bodisatvas. Esto establece que no sólo buscarás sobreponerte a las emociones destructivas en tu propio flujo continuo, sino que también lucharás para ayudar a todos los seres sensibles a vencer sus emociones aflictivas. Puesto que para lograr el bienestar último de otros es necesario no tan sólo derrotar tus emociones contraproducentes sino también eliminar todas las predisposiciones que han dejado en tu mente, debes adiestrarte en un camino completo que sea un medio de purificación, las prácticas de los bodisatvas. Inspirado por el altruismo que se arraiga en el amor y la compasión, busca practicar las seis perfecciones: generosidad, moralidad, paciencia, esfuerzo, concentración y sabiduría. En este capítulo nos concentraremos en la práctica de la perfección de la sabiduría.

LOS DOS SISTEMAS PRINCIPALES

Hay dos sistemas principales que Buda usaba para enseñar la profunda visión de la vacuidad de acuerdo a la perspectiva mental de los discípulos. Los principales expositores de estos puntos de vista fueron Nagarjuna y Asanga, cuyas vidas habían sido profetizadas por el Buda. A ellos les llaman «escubridores de los caminos» debido a sus minuciosas descripciones de estas perspectivas en conformidad con la palabra del Buda.

En cuanto a los infinitos actos de la compasión, Nagarjuna y Asanga no difieren (aunque Asanga escribió más acerca de esto), pero en cuanto a la visión profunda de la vacuidad, presentaron perspectivas diferentes. La transmisión específica de Nagarjuna era el punto de vista de la Escuela del Camino Intermedio, y la de Asanga era el punto de vista de la Escuela de la Mente Única. Me parece a mí que cuando una persona no prejuiciada investiga estos dos enfoques, el punto de vista presentado por Nagarjuna es irrebatible. Sin embargo, cuando analizamos el punto de vista de la mente única presentado por Asanga, surgen incómodas contradicciones.

Según el punto de vista de la mente única, la existencia de la mente misma se da por comprobada. En verdad, la explicación de la mente única de que las apariencias de los objetos externos no están verdaderamente comprobados ayuda a disminuir nuestro apego a ellos. Sin embargo, resulta difícil rebajar la importancia de la aparente solidez de las experiencias mentales mismas. Es probable que nuestras experiencias del placer y el dolor fuesen llevadas a existir de la manera concreta en que aparecen en nuestra conciencia.

Según el punto de vista del camino intermedio de Nagarjuna, *todos* los fenómenos, ya sean externos o internos, carecen de existencia intrínseca. Por tanto, no importa lo que tengas en cuenta —objetos de la mente tales como formas visibles o tu propia mente— todos estos [fenómenos] se sobreentiende que no existen de la manera en que parecen existir. Este es la manera en que ayuda la perspectiva más profunda del camino intermedio de Nagarjuna; es muy eficaz en contrarrestar nuestros conceptos erróneos y todos los enredos a que conducen.

EL ANTÍDOTO A LA IGNORANCIA

Una vez que nuestras creencias ignorantes nos conducen al sufrimiento, el librarnos de la ignorancia, si queremos, exigirá más que el simple deseo. Para eliminarla, debemos contrarrestar esa perspectiva errónea. En tanto las emociones destructivas, tales como la lujuria, disminuyen temporalmente en fuerza mediante, por ejemplo, la meditación; para erradicar los conceptos erróneos acerca de la naturaleza de las cosas debemos generar una sabiduría que contradiga los malentendidos de la ignorancia. Para hacer esto, debes generar el discernimiento particular que comprende la verdad de la inidentidad. La fuente del problema se ciega mediante la sabiduría que es su antídoto.

EL PROCESO DEL ERROR

Examinemos el proceso del malentendido que es la raíz de la existencia cíclica. ¿Cuál es la ignorancia más profunda? Es la creencia de que las cosas son como parecen ser, que existen por derecho propio sin depender del pensamiento. La ignorancia nos impide ver la verdad, el hecho de que las cosas carecen del estatus que parecen tener. Esta creencia errónea destruye nuestro bienestar y el de otros.

El concepto erróneo de que el complejo mente-cuerpo tiene su propia existencia intrínseca conduce erróneamente a ver el «yo» como existencia intrínseca. Esto, a su vez, conduce a cometer acciones equivocadas que en sí mismas contribuyen a producir más reencarnaciones y más conflictos. De este modo, la ignorancia acerca de los fenómenos mentales y físicos nos mantiene atrapados en la existencia cíclica. Como dice la *Preciosa guirnalda de consejos* de Nagarjuna:

> Mientras que el complejo mente-cuerpo sea malentendido,
> ha de existir, por tanto, la incomprensión del «yo».
> Además, cuando existe la incomprensión del «yo»,
> hay una acción y, en consecuencia, un nacimiento.

Malinterpretar los fenómenos físicos y mentales como existentes de manera intrínseca precede al error de tomar el ego o el «yo» como intrínsecamente existentes, pero ambos se encuentran en la raíz de la existencia cíclica, puesto que ambos interpretan erróneamente sus respectivos objetos del mismo modo. Ambos también provocan una multitud de deseos y odios. Cuando Chandrakirti dice, por ejemplo, que todas las emociones aflictivas y todos los defectos parten de una errónea comprensión del «yo», se está refiriendo a estas interpretaciones erróneas.

DOS TIPOS DE INIDENTIDAD

Atiéndeme mientras te proporciono un pequeño detalle. Al concebirte como si existieras intrínsecamente, el «yo» se ve falsamente comprobado por su propia cuenta. El tiempo que transcurre entre el malentendido inicial del complejo mente-cuerpo y el subsecuente malentendido es tan breve que parece como si la conciencia que malinterpreta la naturaleza del «yo» estuviera observando también los agregados mentales y físicos, pero en realidad está observando sólo el «yo».

Míralo de esta manera: Estamos fundamentalmente interesados en:

1. La persona, o el «yo», que actúa, acumula karma y experimenta, en consecuencia, placer y dolor.
2. Los fenómenos que se experimentan.

Por esta razón, en el budismo existe una división de lo que existe entre las personas (incluidos todos los tipos de seres vivientes) y los fenómenos. En verdad, las personas son fenómenos, pero, en pro de la comprensión de la importancia tanto de las personas, que son los que experimentan, como de los fenómenos, que son experimentados, hay una división entre personas y (otros) fenómenos.

Una vez que hayamos puesto todo lo que existe en estas dos categorías, tenemos ahora dos tipos de ignorancia: la que percibe erróneamente que las personas existen intrínsecamente y otra que interpreta erróneamente que otros fenómenos existen intrínsecamente. Ambas son ignorancias.

Si te confundes a ti mismo o a otra persona con un ser intrínsecamente existente, ambos son conceptos erróneos sobre personas. El confundir la naturaleza fundamental de tu propio cuerpo o de los cuerpos, mentes, ojos, oídos y cosas por el estilo de otros como intrínsecamente existentes se denomina un concepto erróneo de fenómeno, como son las percepciones erróneas de las casas, árboles y cosas semejantes.

Basada en estas mismas categorías hay una ausencia de existencia intrínseca en las personas, llamada inidentidad de personas, y una ausencia de existencia intrínseca de otras cosas denominada inidentidad de [los] fenómenos. Como dice Chandrakirti:

> La «identidad» es una condición de las cosas que no dependen de otras: la existencia intrínseca. Su no existencia es inidentidad. Mediante la división de fenómenos y personas, la inidentidad se percibe como doble «inidentidad de personas e inidentidad de (otros) fenómenos».

Entre las dos inidentidades no existe ninguna diferencia sutil, puesto que ambas carecen de existencia intrínseca.

LA NECESIDAD DE ANÁLISIS

La apariencia y la realidad, ¿concuerdan o discrepan? ¿Existe un conflicto entre cómo las cosas parecen y la manera en que existen? En la actualidad, los físicos de partículas describen una situación que es completamente distinta al modo en que las cosas nos parecen en la percepción ordinaria. Por ejemplo, un antiguo pilar de piedra maciza parece duro e inamovible, pero cuando miramos de cerca las partículas que lo componen vemos que esas partículas cambian constantemente; su apariencia y su ser no concuerdan. Dentro de los fenómenos ordinarios hay muchos conflictos entre la apariencia y la realidad.

De una manera aún más profunda, cuando no estamos satisfechos con el modo en que los objetos se muestran sino que indagamos en su modo real de ser, nos quedamos finalmente sin nada que podamos llamar al objeto. Debido a este conflicto entre la apariencia y la realidad, los sistemas budistas presentan una doctrina de dos verdades. La escuela del camino intermedio describe cosas que operan dentro del contexto de la apariencia para proporcionar ayuda, perjuicio, placer, dolor y así sucesivamente como «verdades convencionales», y luego habla de la realidad que trasciende esas apariencias, la cual se descubre a través del análisis y se le llama la «verdad suprema». Dentro de un objeto existe una entidad que se muestra a la cognición convencional válida y una entidad de una realidad más profunda descubierta por el análisis último.

Las personas y los otros fenómenos sí existen ciertamente; no es que no existan. Ayudan y perjudican. Todos ellos se establecen a través de ideas, pero cuando interactuamos con ellos, percibimos que hay algo más allí en sí y por sí mismo. Por ejemplo, cuando decimos «tu silla está allí», y la señalamos, la silla parecer ser algo independiente de la idea. parece que posee todas sus capacidades en sí misma. Sin embargo, si realmente estuviera allí por derecho propio como parece estar, entonces, mientras tú la analizas, debería hacerse cada vez más clara, pero eso no sucede. Cuando indagas analíticamente las cosas, te das cuenta de que no existen de una manera sólida. Esto indica que hay un conflicto entre la apariencia y la realidad. Su apariencia concreta se debe a un defecto de nuestra mente.

Esta distorsión ocurre tanto en el sentido de la percepción como del pensamiento. Incluso en el sentido de la percepción, los fenómenos se muestran en un aspecto falso debido a los defectos que tenemos embebidos en nuestra mente. Y debido a esta falsa apariencia somos llevados automáticamente a creer que los fenómenos existen por derecho propio, de la misma manera que creemos en las falsas apariencias en los sueños. Lo que ocurre es que tomas por cierta una apariencia básica falsa, y luego le otorgas muchos atributos a través de un pensamiento inadecuado y contraproducente. Esto genera un cúmulo de emociones afectivas.

Ignorancia innata

La forma *innata* de la ignorancia —al creer erróneamente que las personas y otros fenómenos *existen en y por sí mismos*— la cual todos nosotros compartimos, es la causa fundamental de la existencia cíclica. No es posible que un tipo de concepto erróneo que es meramente *aprendido* de sistemas equivocados sea la raíz de una reflexión inadecuada. Por ejemplo, la noción sofisticada pero errónea, que a menudo se encuentra en sistemas indios no budistas, de que una persona tiene las tres cualidades de la permanencia, la unidad y la operatividad bajo su propio control es sólo una conducta aprendida —no es innata: proviene sólo del contacto con un sistema que hace una afirmación basada en un análisis equivocado.

Algunos sistemas afirman también que las partículas diminutas que componen los objetos físicos no tienen partes. Sin embargo, si ese fuera el caso, entonces un grupo de partículas no sería mayor que una sola partícula. Los elementos constitutivos de los objetos físicos deben tener partes puesto que tienen dimensión, no importa cuán pequeñas sean. De otro modo, ¿cómo podría una partícula estar junto a otra? ¿Cómo podría un grupo de partículas formar una masa —al igual que los átomos forman una molécula?

Del mismo modo, algunos sistemas proponen la noción de que el momento más diminuto de la conciencia no tiene partes—ni principio, ni medio ni fin. Pero, insistimos, si un momento de conciencia no tuviera partes, entonces muchos momentos de conciencia juntos no podrían constituir un flujo de conciencia: no podría formarse un flujo mental continuo.

Tales nociones surgen sólo en personas educadas en un sistema erróneo, no surgen en las personas que carecen de educación. Por tanto, este tipo de ignorancia artificialmente generada no puede servir como la raíz de la existencia cíclica que nos incluye a todos. Más bien, el problema raigal debe ser un tipo de malentendido que siempre ha existido en todos los seres, educados o no. Debe ser innato, mientras los otros tipos son artificiales en el sentido de que son aprendidos. La ignorancia innata se refiere aquí a llegar a ser conocedor de cualquier objeto, persona u otro fenómeno, y aceptar su apariencia como existente por sí misma, existente de veras, existente definitivamente, existente sin conflicto entre lo que parece y lo que realmente es.

El propósito de cultivar la comprensión de la realidad a través de la meditación es alcanzar la liberación, y puesto que la ignorancia innata ata a los seres a la existencia cíclica, las formas artificiales de ignorancia que se levantan encima de esta ignorancia básica no constituyen la preocupación principal. Cuando lo innato concluye, los conceptos erróneos se eliminan automáticamente. Sin embargo, la eliminación de los errores generados artificialmente contribuye a promover ese objetivo.

VER TODO COMO UNA ILUSIÓN

Cuando a través del análisis meditativo te das cuenta de la falta de existencia intrínseca, o de la vacuidad, dentro de ti mismo, entiendes por primera vez que tu identidad y la de los otros fenómenos son falsas; parece que existen por derecho propio, pero no es cierto. Comienzas a ver los fenómenos como ilusiones al reconocer en seguida la apariencia de los fenómenos y entender que carecen de la existencia que aparentan. Así como los físicos distinguen entre lo que parece y lo que realmente existe, debemos reconocer que existe una discrepancia entre la apariencia y el hecho real.

Al encontrarte con varios objetos malos y buenos, no deberías apegarte a su apariencia, sino verlos como ilusiones; esto te prevendrá de caer bajo la influencia de emociones dañinas como la lujuria o la ira. Si ves los objetos como poseedores de existencia intrínseca, el obscurecimiento reinante es tal que si el objeto es favorable llegas a apegarte a él, pensando «esto es realmente maravilloso». Según aumenta el deseo, aumenta la ira contra cualquiera que pudiera interferir con tu disfrute. Sin embargo, si vieras el objeto como la ilusión de un mago, que parece que existe intrínsecamente pero que en realidad no existe, entonces en lugar de que la percepción del objeto perjudique tu vida y tu práctica religiosa, contribuye a ayudarlas. Esto es fundamental porque tenemos que hacer uso de perspectivas convencionales dentro del conocimiento del estatus final de los fenómenos con los que estamos tratando.

Para ver los fenómenos como ilusiones es necesario, en primer lugar, analizar si los fenómenos existen realmente de la manera en que parecen existir. El análisis no es materia de creencia y, por consiguiente, exige investigación desde muchos ángulos. Para hacer esto, es necesario confiar en personas sabias, pero la confianza no significa sólo que pongamos nuestra fe en ellas.

Confianza significa que las escuchemos atentamente y con frecuencia, sin dejarnos distraer por externalismos tales como el estilo de hablar o de escribir, sino aplicando internamente las enseñanzas a tu propio flujo mental continuo.

Debes alcanzar tres niveles de sabiduría:

- Primero la «sabiduría que surge del oír», lo cual significa el llegar a ser capaz de identificar las enseñanzas, ya sea por escuchar la explicación de otro o por la lectura.
- Luego la «sabiduría que surge de pensar», lo cual significa llegar a adquirir una confianza por dedicarse repetidamente al pensamiento analítico, hasta el punto de no titubear si alguien más dice que no es así.
- Y finalmente la «sabiduría que surge de la meditación», que significa la familiarización meditativa repetida hasta el punto de la convicción total.

Contemplación

1. Todos los fenómenos, ya externos o internos, carecen de esencia verdaderamente establecida, están desprovistos de existencia intrínseca.
2. No importa lo que tomes en consideración —formas visibles, sonidos, olores, gustos y tactos, ni tu mente que los observa— entiende que éstas son formas carentes de existencia en sí y por sí mismas; no existen de la manera en que se muestran.

3. Es necesario erradicar la ignorancia para generar la sabiduría que la contrarresta.

4. Primero se malentiende el complejo mente-cuerpo como intrínsecamente existente, y esto conduce al concepto erróneo del «yo» como poseedor de existencia intrínseca. Esto, a su vez, induce a la comisión de acciones erróneas que dan lugar a más renacimientos y más sufrimientos.

5. Basados en el hecho de que nos preocupamos fundamentalmente con (1) la persona, o el «yo», que actúa, acumula karma y, como resultado, experimenta placer y dolor, y (2) los fenómenos que se experimentan, podemos distinguir dos clases de ignorancia: la que cree que las personas existen intrínsecamente y otra que ve todos los otros fenómenos como intrínsecamente existentes.

6. En verdad, las personas existen pero sin existencia intrínseca, llamada la inidentidad de las personas; cuando se allega a otros fenómenos tales como los ojos, los oídos, el cuerpo, la mente, la montaña y otras cosas por el estilo, esto se llama la inidentidad de los fenómenos. Estas dos vacuidades son igualmente sutiles.

7. Es necesario diferenciar entre la apariencia que tienen para nosotros los fenómenos y cómo existen realmente.

8. Las personas y otros fenómenos dependen realmente del pensamiento, pero cuando interactuamos con ellos percibimos que hay algo allí en sí y por sí, independientemente

de lo que se piense, que posee todas sus debidas capacidades en sí mismo.

9. Si realmente estuviera allí por derecho propio como parece ser, entonces, en la medida en que lo analizas, debería hacerse cada vez más claro, pero eso no sucede; te das cuenta de que no existe de manera tan sólida. Cuando hurgas bastante profundamente en su ser, no te queda nada finalmente para señalar qué es el objeto.

10. Incluso en un sentido de percepción, los fenómenos parecen falsamente concretos debido a errores de nuestra mente y, debido a esta falsa apariencia, somos automáticamente llevados a concebir que los fenómenos existen por derecho propio, igual que si le diéramos crédito a las falsas apariencias de los sueños. Se toma una apariencia infundada por cierta, y luego le añadimos muchos otros atributos mediante un pensamiento inadecuado y contraproducente, dando lugar a un caos de emociones aflictivas.

11. Debido a este conflicto entre apariencia y realidad, la escuela de la vía media habla de entidades que son útiles, agresivas, y así sucesivamente, a las que llama «verdades convencionales»; luego habla de la realidad que transciende las apariencias, la cual es la «verdad suprema». En un objeto, tal como nuestro cuerpo, su apariencia puede hallarse mediante la cognición convencional válida, y su modo de ser puede hallarse mediante el análisis final.

12. La ignorancia innata le presta atención a cualquier objeto, persona o cualquier otro fenómeno, y acepta su apariencia como intrínsecamente existente, existente por medio de su propio carácter, existente como su propia realidad, existente como su propio modo de ser, realmente existente, finalmente existente, existente sin ningún conflicto entre cómo aparece y cómo realmente es.

13. Cuando a través del análisis meditativo te das cuenta de la carencia de existencia intrínseca, comprendes que tú y todos los otros fenómenos parecen existir de una manera, pero realmente no existen así. Ves los fenómenos como ilusiones, con una discrepancia entre su apariencia y la verdad real de su existencia.

14. El ver a las personas y las cosas sujetas a este conflicto entre la apariencia y la verdad, como las ilusiones de un mago, evitará que caigas bajo la influencia de emociones destructivas.

15. Para ver los fenómenos como ilusiones es necesario primero analizar si los fenómenos existen realmente de la manera que parecen existir.

18

El modo de analizar

Los que surgen dependientemente
no existen por su propia naturaleza.

—BUDA

Este capítulo encapsula los métodos de análisis en una serie de contemplaciones que presentan la manera de llevar a cabo la meditación analítica sobre la vacuidad.

Contemplación

Reflexiona:

1. Estamos en el centro de todos nuestros conflictos.
2. Por consiguiente, es mejor empeñarse primero en la comprensión de nuestra verdadera naturaleza.

3. Luego de entender esto, puede aplicarse a la mente, el cuerpo, la casa, el auto, el dinero y todos los otros fenómenos.

PRIMER PASO: CONTROLAR LA IDENTIDAD EN LA QUE CREES INTENSAMENTE

1. Imagina que alguien te critica por algo que realmente no hiciste, diciendo «estropeaste tal y tal cosa» y señalándote con el dedo.
2. Observa tu reacción. ¿Cómo aparece el «yo» en tu mente?
3. ¿De qué manera lo captas?
4. Nota cómo ese «yo» parece alzarse por sí mismo, autoinstituido, establecido por su propio carácter.

SEGUNDO PASO: DETERMINAR LAS OPCIONES

1. Analizar que el «yo», que está intrínsecamente autoestablecido en el contexto del complejo mente-cuerpo, podría tener un modo de existir diferente que el de ser parte de la mente y el cuerpo o estar separado de ellos.
2. Decide que si el «yo» existe intrínsecamente como parece, entonces debe estar indisolublemente unido con la mente y el cuerpo o separado de ambos.

TERCER PASO: ANALIZAR LA UNICIDAD

Ten en cuenta las consecuencias de si el «yo» se ha establecido en sí y por sí *mismo* como mente-cuerpo.

1. El «yo» y el complejo mente-cuerpo tendrían que ser total y completamente una sola entidad.

2. En ese caso, afirmar la existencia separada de un «yo» no tendría sentido.

3. Sería imposible pensar en «mi cuerpo» o en «mi cabeza» o en «mi mente».

4. Cuando la mente y el cuerpo ya no existan, la identidad tampoco existiría.

5. Puesto que la mente y el cuerpo son plurales, la entidad de una persona también sería plural.

6. Puesto que el «yo» es sólo uno, la mente y el cuerpo también serían uno.

7. Puesto que la mente y el cuerpo se producen y se desintegran, habría que afirmar que el «yo» es intrínsecamente producido e intrínsecamente se desintegra, en cuyo caso tanto los efectos placenteros de las acciones virtuosas como los efectos dolorosos de las acciones no virtuosas no fructificarían para nosotros, ni experimentaríamos los efectos de acciones que nosotros mismos no cometimos.

CUARTO PASO: ANALIZAR LA DIFERENCIA

Ten en cuenta las consecuencias si el «yo» está establecido en sí y por sí mismo, como aparece en nuestras mentes, y si es también intrínsecamente diferente del complejo mente-cuerpo:

1. El «yo» y el complejo mente-cuerpo tendrían que estar completamente separados.

2. En ese caso, el «yo», podría encontrarse después de que faltara la mente y el cuerpo.

3. El «yo» no tendría las características de ser producido, permanente y sujeto a desintegración, lo cual es absurdo.

4. Absurdamente, el «yo» tendría que ser o un producto de la imaginación o permanente.

5. Absurdamente, el «yo» no tendría ni características físicas ni mentales.

En conclusión

1. Si en el primer paso tienes una percepción bastante clara de cómo el «yo» parece estar autoinstituido y cuán usualmente aceptas las apariencias y actúas a partir de ellas, con el tiempo el análisis revelará que esta percepción del «yo» es infundada.

2. Cuando eso ocurre, se conserva un vívido recuerdo de la ausencia, el vacío de un «yo» intrínsecamente existente, que absorbe el significado del vacío y se concentra en la ausencia del establecimiento intrínseco.

El verte como una ilusión

1. Entonces, deja que una vez más tu apariencia y la de los demás se asome a tu mente.

2. Recuerda el tiempo cuando confundías el reflejo de una persona en un espejo con la persona misma; parecía ser una persona, pero no lo era.

3. Del mismo modo, todas las personas y cosas parecen existir sin depender de causas y condiciones, en sus partes constitutivas, y en el pensamiento, pero no es cierto. Las personas y las cosas sólo existen como ilusiones.

4. Reflexiona sobre el hecho de que, dentro del contexto de la originación dependiente, tú participas en acciones y acumulas karma y, de esa manera, experimentas los efectos de esas acciones.

5. Piensa en el hecho de que la apariencia de las personas es viable dentro de la ausencia de la existencia intrínseca.

6. Cuando el ser viable y el vacío te parezcan nociones contradictorias, usa el ejemplo de la imagen de un espejo.

   La imagen de un rostro se produce innegablemente relacionada con un rostro y un espejo, aunque carezca de ojos, oídos y otros rasgos por el estilo que parece poseer, y la imagen de un rostro innegablemente desaparece cuando falta el rostro o el espejo. De manera semejante, aunque una persona no tenga incluso ni siquiera una pizca de realidad intrínseca, no es contradictorio que realice acciones, acumule karma, experimente efectos y nazca en dependencia del karma y las emociones destructivas.

7. Intenta ver la falta de contradicción entre ser viable y la vacuidad con respecto a todas las personas y cosas.

ALTERNAR LA MEDITACIÓN ANALÍTICA Y LA ESTABILIZADORA

Recuerda que cuando estás inmerso en el análisis necesitas de plenitud mental para mantenerte concentrado en el objeto e investigar su naturaleza, a fin de evitar desviarte hacia otros objetos. Del mismo modo, durante tu investigación analítica debes hacer uso de la introspección para determinar si estás a punto de distraerte. Si es así, debes pasar a la meditación estabilizadora, concentrarte sólo en el significado que se encuentra a través del análisis. Esto te devolverá el pleno vigor de tu concentración.

El objetivo es conseguir un equilibrio sólido, en el que la meditación analítica misma da lugar a una mente atenta y estable, así como a la flexibilidad física y mental. Al ir y volver en repetidas ocasiones de (1) la meditacion estabilizadora en que te concentras en un solo objeto a (2) la meditación analítica, llegarás a un punto donde estos dos modos de meditación terminarán por promoverse mutuamente. Luego, al operar dentro de la estabilización misma, serás capaz de hacer un análisis mucho más profundo, que en sí mismo dará lugar a una mayor estabilidad.

19

La budeidad

Así como te abstraes pensando
en lo que podrías hacer para ayudarte a ti mismo,
deberías abstraerte pensando
en lo que podría hacerse para ayudar a otros.

—NAGARJUNA,
*PRECIOSA GUIRNALDA
DE CONSEJOS*

Hace mucho hubo seres humanos que, al considerar la situación del mundo en el transcurso del tiempo, perdieron la esperanza en lo que ellos podrían llegar a realizar mediante su propia capacidad; el desaliento les quebrantó la voluntad. En ese punto llegaron a creer en lo que no podían ver con los ojos, y pusieron su esperanza en algo que transcendía el alcance de la visión normal. Así debe haber sido como surgieron las primeras agrupaciones religiosas.

En el momento adecuado en el transcurso del progreso humano, Buda apareció en la India luego de haberse adiestrado durante varias vidas en la práctica altruista de los bodisatvas. Según su biografía, Buda Sakiamuni, como se le conoce a través del mundo, nació como príncipe en el seno de una familia real y, pese haber sido protegido de los sufrimientos del mundo, llegó en el curso de su vida a ver los estragos de la edad, la enfermedad y la muerte. Estas experiencias lo llevaron a investigar si existía o no una técnica para liberarse de tales sufrimientos y, de existir, cómo podía ponerse en práctica. A los veintinueve años, se escapó del palacio, abandonó las ropas principescas de su linaje real, dejó la vida de señor de su casa, se cortó el pelo, practicó el ascetismo durante seis años para alcanzar la meditación concentrada y, finalmente, alcanzó la iluminación debajo del árbol Bodi en Bod Gaya.

Durante cuarenta y nueve días Buda no habló acerca de lo que él había llegado a comprender, sino que meditó en quiénes podrían ser capaces de oírlo y, finalmente, decidió enseñar a cinco discípulos las cuatro nobles verdades. Luego, después de cuarenta y cinco años de enseñanza y ochenta y uno de edad, él mostró los signos de pasar al Nirvana.

Su doctrina, que parte de las cuatro nobles verdades, vio la luz en una coyuntura decisiva de la historia humana; sus ideas fueron tan adecuadas y significativas que una religión excepcional basada en las cuatro verdades surgió y florece hasta hoy en día. Gente de todo el mundo, independientemente de si son budistas o no, están conscientes de que hubo alguien llamado Gautama Buda, alabado por su profunda y singular presentación de la naturaleza de las personas y los objetos y por sus enseñanzas sobre la intención altruista para llegar a ser iluminado, en la cual valoramos más a los demás que a uno mismo.

Los textos de su sistema que enfatizan el amor, la compasión y la intención altruista para alcanzar la iluminación (llamados el Gran Vehículo) cuentan que el Buda practicó vida tras vida durante tres períodos de incontables grandes eones para completar la requerida acumulación de mérito y sabiduría y llevar su desarrollo a la perfección. Si el efecto de este adiestramiento altruista durante un período de tiempo tan enormemente grande fue enseñado meramente durante cuarenta y cinco años, como la historia usual de Buda lo presenta, este efecto sería desproporcionado para la causa de la iluminación, que exige gran compasión para ayudar a incontables seres. Así mismo, si al final de su vida Buda pasó a otro plano de tal manera que su conciencia quedó aniquilada, como algunos sostienen, eso resultaría incompatible con la doctrina de que la plena iluminación conlleva el lograr espontánea e infatigablemente el bienestar de otros por tanto tiempo como exista el espacio.

Ciertamente, cuando consideramos si el flujo continuo de la conciencia, que tiene una naturaleza de luminosidad y cognición, pudiera alguna vez romperse, podemos afirmar que esto sería imposible. Si una mente luminosa y cognitiva se produjera a partir de una mente errónea, entonces, cuando el error fuese gradualmente eliminado, la mente luminosa y cognitiva también tendría que detenerse gradualmente, pero la cognición luminosa y la interpretación errónea son completamente diferentes. Cuando la sabiduría socava la ignorancia, esto no se opone a la continuación de la mente básica. Contradice la razón que una mente iluminada desaparezca.

COMPRENDER SIMULTÁNEAMENTE TODO

La iluminación es un estado de libertad no sólo de las emociones contraproducentes que conducen el proceso de la existencia cíclica, sino también de las predisposiciones establecidas en la mente por las emociones aflictivas. Estas sutiles predisposiciones, o fuerzas latentes dentro de la mente, se encargan de que siempre que los fenómenos convencionales acuden a tu mente, la verdad última no se manifieste, y cuando la verdad última se le manifiesta a tu mente, los fenómenos convencionales no pueden aparecer. Esto significa que aunque llegues al estado profundo de ser capaz de comprender directamente la verdad, durante ese estado de comprensión profunda tu mente no puede percibir otros fenómenos y, posteriormente, cuando tu mente percibe un fenómeno convencional, no puedes darte cuenta directamente de la vacuidad. Es decir, que más bien debes alternar entre estos dos tipos de comprensión: la sabiduría de conocer directamente la verdad y la percepción de los fenómenos ordinarios.

En términos budistas, esta necesidad de alternancia se llama «la corrupción de percibir las dos verdades como si fueran entidades diferentes». Cuando esta corrupción se acaba, una sola conciencia puede percibir los fenómenos convencionales incluso mientras capta directamente la verdad última. Es posible entonces conocer simultáneamente todo, tanto la diversidad de los fenómenos como su profundo modo de ser: la vacuidad. En esto consiste la omnisciencia.

Cuando vences no sólo las emociones aflictivas que te impiden liberarte de la existencia cíclica, sino también estas corrupciones más sutiles, en ese punto ya has alcanzado la «gran iluminación» de un Buda, una minuciosa purificación de las fuentes de todos los problemas y la plena comprensión de todo lo que puede llegar a conocerse.

EL PODER DE LA ILUMINACIÓN

Las escrituras del Gran Vehículo nos dicen que cuando las corrupciones asociadas con la mente se purifican, alcanzas la plenitud de tus capacidades, tanto para tu propio desarrollo como para el de otros seres. Puesto que has eliminado la limitación que te obligaba a alternar entre la comprensión directa de la realidad profunda de la vacuidad y el prestarle atención a otros fenómenos, te has sobrepuesto a todos los problemas y has alcanzado la comprensión de todo lo cognoscible; ahora puedes espontáneamente ocuparte del bienestar de otros. A través de incontables eones has practicado solamente en favor de otros, ahora tus actividades para ayudar a otros se producen sin esfuerzo.

Desde el tiempo sin principio tu mente ha carecido de existencia intrínseca, y ahora que tu mente ya está purificada de todas las corrupciones, tu vacuidad mental se llama un cuerpo de la naturaleza de Buda. Tu mente, que antes apenas contenía las *semillas* de las cualidades de la budeidad, es ahora el cuerpo de la sabiduría de Buda.

Durante incontables grandes eones, has practicado de manera inquebrantable para beneficiar a otros con la actitud altruista descrita en esta oración:

Que en todo momento
esté disponible por amor de los demás.
Así como la tierra, el agua, el fuego, el viento, la medicina
y los bosques deben estar a disposición de todos.

El resultado de este intenso desarrollo de la voluntad altruista es que las capacidades intrínsecas a tu mente han madurado, de manera que tu mente y tu cuerpo son una sola entidad indiferenciada. Incluso en la vida ordinaria, la mente sutilísima y la energía portadora de esa mente sutilísima constituyen una sola entidad, y ahora en el estado puro del que ha concluido el camino, este hecho básico de la entidad indiferenciable de la mente sutil y de su energía te permite manifestarte de múltiples maneras más apropiadas para ayudar a otros. Entre las formas que puedes asumir está el «cuerpo del completo gozo», el cual, de acuerdo a plegarias primitivas, se mantiene mientras exista el espacio para aliviar el sufrimiento con continuas actividades altruistas para practicantes del nivel superior. Este cuerpo del completo gozo aparece en momentos idóneos de la historia como un «cuerpo de emanación suprema» para enseñar el camino a la iluminación. Buda Sakiamuni fue precisamente ese ser.

En Tíbet, China, Taiwán, Japón, Corea y Vietnam, los seguidores del Gran Vehículo y en particular del modo de instrucción de Nalanda, el primer centro de instrucción budista de la India, hablan de un Buda que tiene cuatro cuerpos —un cuerpo natural, un cuerpo de sabiduría, un cuerpo del completo gozo y un cuerpo de emanación— o tres cuerpos, cuando los dos primeros son tratados como uno solo, llamado »el cuerpo de atributos». En estos países decimos que nuestro maestro Buda Sakiamuni, que apareció en la India hace más de 2500 años, había alcanzado la iluminación mucho tiempo antes y había aparecido como idóneo en multitud de mundos conforme con las disposiciones e intereses de los seres sensibles cuando el tiempo estuvo maduro.

Estas apariencias pueden tomar varias formas, incluidas la de un puente o un barco cuando sea necesario, o como líder de una religión diferente al budismo, para enseñar actitudes tales como el amor, la compasión, la tolerancia y la satisfacción.

Por tanto, desde una perspectiva budista, muchos maestros de otras religiones podrían haber sido emanaciones de un Buda o de un bodisatva. Si los Budas pueden aparecer incluso como un puente o un barco, podrían aparecen definitivamente como figuras religiosas que ofrecen una enseñanza útil a millones de seres. Así, pues, desde este punto de vista, y al ver que las muchas religiones del mundo son útiles para diferentes tipos de personas, debemos respetar a todas las religiones como beneficiosas a la sociedad.

Contemplación

Reflexiona:

1. Es imposible que el flujo continuo de la conciencia, que tiene una naturaleza de luminosidad y cognición, sea alguna vez interrumpido. Cuando la sabiduría socava la ignorancia, no hay ninguna condición que pudiera oponerse a la continuación del pensamiento fundamental.

2. La iluminación es un estado de libertad no sólo de las emociones contraproducentes que impelen la existencia cíclica, sino también de las predisposiciones establecidas en la mente por esas emociones aflictivas.

3. Estas sutiles predisposiciones son fuerzas latentes dentro de la mente que se ocupa de eso, previo a la budeidad, siempre que los fenómenos convencionales vienen a la mente, la suprema verdad no se manifiesta y siempre que

la suprema verdad se manifiesta en tu mente, los fenómenos convencionales no pueden aparecer.

4. Esta necesidad de alternancia se llama «la corrupción de comprender las dos verdades como si fueran entidades diferentes». Debido a esta limitación estás obligado a cambiar entre la comprensión directa de la realidad profunda y el prestarle atención a los fenómenos cotidianos, pero cuando esta corrupción se extingue, una sola conciencia puede entender los fenómenos convencionales al tiempo que también comprende la suprema verdad.

5. Es posible, pues, conocer todo simultáneamente, tanto la diversidad de los fenómenos como su modo más profundo de ser, la vacuidad. En esto consiste la omnisciencia, una «gran iluminación» de Buda, la cual consiste en la purificación de los orígenes de todos los problemas y la plena comprensión de todo lo que podemos saber.

6. Este estado colma tu capacidad para efectuar tanto tu propio desarrollo como el de otros. Has vencido todos los problemas y has logrado comprender todo lo cognoscible, lo cual significa que puedes llevar a cabo de manera espontánea el bienestar de otros.

7. En la budeidad logras alcanzar los cuatro cuerpos de Buda:

- Desde el tiempo sin principio, tu mente ha carecido de existencia intrínseca, y ahora que tu mente está purificada de todas las corrupciones, la misma vacuidad se llama un *cuerpo de la naturaleza* de Buda.

- Tu mente, que antes apenas contenía las *simientes* de las cualidades de la budeidad, ahora es un *cuerpo de la sabiduría de Buda*.

- Incluso en la vida ordinaria, una mente muy perspicaz y la energía que la mueve constituyen una sola entidad, y ahora en el estado puro de haber llegado al final del camino, este hecho fundamental te permite manifestarte, de incontables maneras, en las debidas formas para ayudar a otros. Entre estas formas se cuenta el *cuerpo del completo gozo,* que, conforme a plegarias anteriores, sigue existiendo mientras exista el espacio dedicado a aliviar el sufrimiento a través de continuas actividades altruistas para los practicantes del nivel superior.

- El cuerpo del completo gozo, a su vez, aparece en mundos incontables en varios *cuerpos emanaciones*, en conformidad con las disposiciones e intereses de los seres sensibles cuando el tiempo madura; también aparece en momentos oportunos a través de la historia como un «cuerpo de emanación suprema», para enseñar la senda de la iluminación (Buda Sakiamuni fue ese ser).

20

Revisión de los pasos

A continuación se presenta toda la serie de contemplaciones para el cultivo fácilmente accesible de la senda de la iluminación.

NIVEL INICIAL DE LA PRÁCTICA

Reconocimiento de nuestra situación afortunada

Reflexiona:

1. Actualmente tienes una situación muy afortunada porque estás libre de obstáculos que te impidan tu práctica religiosa y posees muchos atributos favorables que te capacitan para alcanzar un elevado desarrollo espiritual.

2. Esta situación es rara.

3. Alcanzar esta situación en una próxima vida exige fundamentalmente un comportamiento moral, practicar la

generosidad y otras virtudes semejantes y orientar sus efectos hacia el renacer en una vida humana bien dotada.

4. Los malos efectos de una acción no virtuosa pueden ser mitigados de cuatro maneras: revelándola, arrepintiéndote de haberla hecho, teniendo la intención de no volver a hacerla en el futuro y dedicándote a realizar acciones virtuosas tales como el servicio público.

5. Las acciones virtuosas deben ser realizadas preparando de antemano una buena motivación, deben ser bien ejecutadas y, al concluirlas, la fuerza que se derive de ellas debe ser orientada hacia la iluminación, sin ningún remordimiento.

6. Es importante adquirir un sentimiento de rechazo por las emociones destructivas.

7. Piensa para ti:

> *Día y noche haré buen uso de este cuerpo mío, que es el hogar de la enfermedad y la base para los sufrimientos de la ancianidad, y que carece de sustancia como una burbuja.*

A sabiendas de que vas a morir

Reflexiona:

1. La ilusión de la permanencia, o de ser inconsciente de la muerte, crea la idea contraproducente de que estarás aquí durante mucho tiempo; esto, a su vez, conduce a actividades que te afectan negativamente a ti a otros.

2. La conciencia de la muerte te lleva a pensar en la posibilidad de una vida futura y te hace interesarte en la calidad de esa vida, promueve actividades útiles a largo plazo y disminuye la dedicación a lo meramente superficial.

3. Para apreciar la inminencia de la muerte, piensa profundamente en las implicaciones de las tres raíces y las tres decisiones:

Primera raíz: Contemplación de que la muerte es segura

1. porque la muerte no puede evitarse.

2. porque nuestro período de vida no puede extenderse y se hace cada vez más breve.

3. porque incluso cuando estamos vivos hay poco tiempo para practicar.

Primera decisión: Debo practicar

Segunda raíz: Contemplación de que la muerte es incierta

4. porque nuestro período de vida en este mundo es indefinido.

5. porque las causas de la muerte son muchas y las causas de la vida son pocas.

6. porque la hora de la muerte es desconocida debido a la fragilidad del cuerpo.

Segunda decisión: Debo practicar ahora

Tercera raíz: Contemplación de que a la hora de la muerte nada sirve excepto la práctica transformadora

7. porque a la hora de la muerte nuestros amigos no sirven de nada.

8. porque a la hora de la muerte nuestra riqueza no sirve de nada.

9. porque a la hora de la muerte nuestro cuerpo no sirve de nada.

TERCERA DECISIÓN: PRACTICARÉ EL DESAPEGO A TODAS LAS COSAS MARAVILLOSAS DE ESTA VIDA

4. Cerciórate de no adquirir ningún intenso sentimiento de lujuria o de odio cerca de la hora de tu muerte, puesto que esto podría influir adversamente en tu renacer.

5. Si te hubieras dedicado a muchas no virtudes durante tu vida, es importante que en la proximidad del fin te arrepientas sinceramente de por lo que has hecho; esto te ayudará en tu próxima vida.

Acerca de las vidas futuras

Reflexiona:

1. Las cosas materiales tales como tu cuerpo dependen de varias causas y condiciones, lo cual significa que ha de haber un flujo continuo de causas para una entidad de esta naturaleza. El cuerpo material proviene del material proporcionado por los padres, la esperma y el óvulo, los cuales provienen de material proporcionado por sus padres, y así hasta el infinito.

2. Del mismo modo, tu conciencia depende de sus propias causas y condiciones, lo cual apunta a un proceso continuo

de causas que explican la naturaleza luminosa y cognitiva de tu mente, que proviene de vidas anteriores.

3. También, dada la vasta gama de diferencias entre hijos de los mismos padres, parece probable que las predisposiciones cognitivas de vidas anteriores operen en esta vida.

4. La memoria válida de vidas anteriores confirma la existencia de estas vidas. La memoria válida de una persona indica que tales vidas fueron experimentadas por todos nosotros, recordémoslas o no.

5. No puede haber ningún comienzo en el ciclo de la reencarnación.

6. Del mismo modo que un constructor hace una casa, el mundo entero que es nuestro hábitat adquiere forma debido a las influencias kármicas de los seres que viven en él, y de sus vidas pasadas durante un largo transcurso de tiempo.

7. Tus propias acciones determinan la manera en que renacerás, así como el mundo mismo es configurado por los karmas de los seres que lo habitan.

8. Reflexiona sobre la relación de causa y efecto entre las acciones y sus frutos, y comprende las implicaciones.

9. Recuerda el sufrimiento de los seres que se encuentran en situaciones terribles, incluidos los animales, e imagínate expuesto a una situación semejante. Esto te inspirará a cohibirte de las acciones (karmas) que producen una reencarnación negativa.

10. Empéñate en evitar las diez no virtudes:

- Las tres principales no virtudes físicas: matar, robar y tener una conducta sexual indebida.
- Las cuatro principales no virtudes verbales: mentir, intrigar, insultar y hablar sin sentido.
- Las tres principales no virtudes mentales: codicia, intención lesiva y opinión errónea.

Al identificar el refugio

Medita en estos elementos de comprensión:

1. El suponer erróneamente que las personas y las cosas tienen existencia intrínseca da lugar a un pensamiento aún más erróneo.

2. El pensar erróneo genera las emociones aflictivas de lujuria, odio, enemistad, envidia, beligerancia y pereza.

3. Estas emociones destructivas conducen a acciones (karmas) que han sido infectadas por estas emociones.

4. Estas acciones dejan huellas en la mente que promueven el doloroso ciclo de repetidos nacimientos.

5. Por tanto, la ignorancia es la raíz de la existencia cíclica. La ignorancia aquí significa no sólo ausencia de conocimiento respecto a cómo los fenómenos realmente existen, sino un activo concepto erróneo del estatus de las personas y las cosas: verlas como entidades plenamente autónomas o independientes.

6. Esta ignorancia se desarraiga mediante la comprensión de que todos los fenómenos están interrelacionados y son entidades interdependientes.

7. Si los fenómenos existieran realmente de la manera en que se presentan, es decir, establecidos por su propia cuenta, entonces, por definición, su dependencia de otros factores no podría ser posible, pero tu propia experiencia muestra que la interdependencia es realmente el camino de todas las cosas.

8. A través de esta ruta puedes ver que tu propia perspectiva mental le adscribe un estatus exagerado a personas y cosas; las cuales no existen de ese modo.

9. Cuando empiezas a ver que esta atribución extrema de mal o de virtud a una persona es lo que la hace objeto de lujuria o de odio, la emoción que se edifica sobre esa exageración desaparece; vemos entonces el error que hemos cometido y retrocedemos.

10. El bien y el mal, lo favorable y lo desfavorable sí existen, pero no existen de la manera concreta que lo parecen cuando se ven a través de una mente lujuriosa o cargada de odio.

11. Una vez que entiendas que la lujuria y el odio son errores y que su raíz, la concepción ignorante de que los fenómenos existen por derecho propio, es también errónea, sabrás que la sabiduría de entender la originación dependiente y la vacuidad se funda en una cognición válida.

12. En la medida en que cultives esta comprensión, te harás cada vez más fuerte, porque es válida, y verás que la iluminación es posible.

13. Verás en tu experiencia que reflexionar sobre la originación dependiente y la vacuidad engendra un entendimiento que es útil a la vida diaria, la cual puede dar lugar a una comprensión incontrovertible de la vacuidad e incluso una percepción directa de la misma. Aun con un nivel limitado de *experiencia válida* puedes determinar que existen gurús *válidos* que pueden ofrecer *comentarios válidos* sobre las enseñanzas de Buda, las *escrituras válidas*. Basándote en estas cuatro valideces puedes alcanzar una convicción en la budeidad tan profunda como vasta, tanto mental como físicamente perfecta.

14. Al reflexionar sobre la verdad de la originación dependiente y la vacuidad, llegas a darte cuenta de que es posible detener los pensamientos destructivos mediante actos de comprensión espiritual en la observancia de la doctrina budista. Los que han tenido alguna experiencia de estas suspensiones y de estos caminos en sus continuos procesos mentales componen la comunidad espiritual, y los que han llevado este proceso de desarrollo espiritual a la perfección son conocidos como budas. Cuando esta idea esté clara en tu mente, verás la racionalidad de volverte a Buda, a su doctrina y a la comunidad espiritual en busca de refugio.

15. Al tomar tu propia situación como un ejemplo, contemplas el hecho de que, aunque todos los seres sensibles a través del espacio anhelan la felicidad y no quieren sufrir, caen bajo la influencia del sufrimiento; al buscar tu propia iluminación como un Buda omnisciente con el fin de ayudarles, te vuelves hacia las Tres Joyas en busca de refugio. La doctrina comprendida es el verdadero refugio, el Buda es el maestro del refugio y la comunidad espiritual incluye a los que te ayudan a alcanzar ese refugio.

El karma

Reflexiona:

1. Todos los placeres, grandes o pequeños, surgen de acciones virtuosas, y todos los dolores, grandes o pequeños, surgen de acciones no virtuosas.

2. Aun las pequeñas acciones pueden tener efectos gigantescos.

3. Las tres principales no virtudes físicas son matar, robar y una conducta sexual indebida; las cuatro principales no virtudes verbales son mentir, intrigar, insultar y hablar sin sentido; las tres principales no virtudes mentales son codiciar, albergar intensiones lesivas y sostener puntos de vista erróneos.

4. Matar es más gravoso que robar, que, a su vez, es más gravoso que la conducta sexual indebida. Mentir es más gravoso que intrigar, que, a su vez, es más gravoso que in-

sultar, que es más gravoso que hablar sin sentido. Los puntos de vista erróneos son más gravosos que una intensión lesiva, que es más gravosa que la codicia. El mismo orden de peso se mantiene para las virtudes opuestas, el abstenerse de matar pesa más que . . . y así sucesivamente.

5. Muchos factores influyen en el peso de las acciones virtuosas y no virtuosas: la intensidad de la motivación, la habituación, si la acción perjudica o beneficia a individuos o grupos, y su entusiasmo por la acción a través de la vida.

6. Las acciones adquieren mayor peso dependiendo de cómo se emprendan.

7. Los efectos de las acciones pueden tener cuatro aspectos: fructificador, que impele a una vida completamente nueva; experiencial, o semejante a la causa en experiencia; funcional, o semejante a la causa de una manera práctica; ambiental, o semejante a la causa en cuanto a ambiente externo.

8. Aunque una transmigración feliz como ser humano o como dios es un efecto fructificador de un karma virtuoso, y una mala transmigración como animal, espíritu hambriento o ser infernal es un efecto fructificador de un karma no virtuoso, los karmas que no se ajustan a los detalles de esa vida en particular pueden ser lo mismo virtuosos que no virtuosos.

9. Entre los karmas, los más gravosos o pesados maduran primero, luego los karmas surgidos en la muerte, los kar-

mas que parten de los hábitos, seguidos por los que se formaron primero.

10. Los karmas no virtuosos pueden comenzar a madurar en la vida actual si se basan en acciones realizadas con un excesivo apego a tu cuerpo, tus recursos y tu vida, o con intensa malicia hacia otros, o con enemistad hacia aquellos que te han ayudado, o con gran animosidad hacia fuentes de refugio, tales como Buda, la doctrina y la comunidad espiritual. Las acciones virtuosas pueden comenzar a madurar en la vida presente si se llevan a cabo sin que su mayor interés sea nuestro propio cuerpo, nuestros recursos y nuestra vida, o si se practican con profunda compasión y amabilidad, o con una firme actitud de desear reciprocar la ayuda que te han dado, o con profunda fe y convicción. De otro modo, los efectos se experimentarán en la próxima vida o en otras posteriores.

11. La fuerza de las acciones virtuosas puede resultar debilitada por la ira.

12. La capacidad de un karma no virtuoso de producir su efecto perdurará a menos que sea contrarrestado por las cuatro fuerzas: contrición, dedicación a actividades virtuosas, específicamente con el propósito de contrarrestar el impacto de la acción no virtuosa, con la intención de no incurrir en ella en el futuro, y plantando los cimientos de un refugio y la intención altruista de llegar a convertirse en iluminado.

NIVEL INTERMEDIO DE LA PRÁCTICA

Ver el problema y la cura

Reflexiona:

1. La mente y el cuerpo caen bajo la influencia de emociones destructivas, y las acciones (karmas) movidas por estas actitudes contraproducentes sujetan a los seres en estados temporales como dioses, semidioses, humanos, animales, espíritus hambrientos y seres infernales.

2. La manera de salir de esta situación es abordar las emociones aflictivas directamente, lo cual evita que se activen los karmas previamente acumulados y en consecuencia no pueda manifestarse una nueva vida de sufrimiento. De este modo, los karmas que quedan en tu corriente mental continua se desactivan.

3. La liberación es un estado de separación del peso de vivir con una mente y un cuerpo sujetos al control de las emociones destructivas y del karma.

4. Hay cuatro nobles verdades:

   • Los fenómenos internos y externos que se crean a partir de emociones destructivas y del karma son verdaderos sufrimientos.

   • Las emociones aflictivas y los karmas son los verdaderos orígenes del sufrimiento.

- La pacificación de las emociones aflictivas es la liberación, o la verdadera cesación.

- Los medios para apaciguar las emociones aflictivas se conocen como los verdaderos caminos.

5. Las primeras dos de las cuatro verdades, el sufrimiento y sus fuentes, indican lo que necesitamos descartar; las últimas dos, las cesaciones y los caminos, apuntan hacia lo que debemos adoptar.

6. Puesto que todos nosotros no queremos el sufrimiento, debemos *reconocer* su plena extensión para entonces procurar liberarnos de él. Una vez que hayamos decidido que no queremos estos efectos dolorosos, debemos *abandonar* las emociones destructivas que los causan, las fuentes del sufrimiento. A fin de lograr una cura debemos *actualizar* la cesación de las fuentes del dolor. Para hacer esto, debemos *cultivar* el camino.

7. Si no tienes una firme intención de escapar de las garras del acondicionamiento dominante al contemplar sus perniciosas obras, el desarrollo de una cabal compasión estará fuera de tu alcance.

8. Las emociones contraproducentes son inapacibles, incómodas, estresantes y perturbadoras.

9. La lujuria conduce a la ira cuando se frustra.

10. Nos buscamos problemas al confundir la verdadera naturaleza de las personas, pero también al tomar lo que es im-

puro por puro, lo que está en estado de dolor por placer y lo que es impermanente por permanente.

11. Nuestro nacimiento a partir de emociones aflictivas y del karma significa que estamos propensos a esas mismas emociones, a generar lujuria por lo atractivo, odio por lo inatractivo y confusión por lo que no es ni una cosa ni otra.

12. Si el envejecimiento ocurriera de súbito, sería intolerable.

13. La enfermedad desequilibra los elementos del cuerpo, provocando el dolor físico que, a su vez, provoca el dolor mental, el debilitamiento de la vitalidad y la imposibilidad de alcanzar la plenitud.

14. Sufrimos por ver que la muerte nos separará de objetos, familiares y amigos agradables, y en el proceso de morir podemos vernos sujetos a muchas molestias.

15. Nuestro complejo mente-cuerpo sirve de base al sufrimiento actual (proyectado por emociones aflictivas y karmas anteriores) que se manifiesta en el envejecimiento, la enfermedad y la muerte, y nuestra respuesta habitual a las situaciones dolorosas promueve el sufrimiento futuro.

16. Al asociarse con tendencias disfuncionales, nuestro complejo mente-cuerpo induce un sufrimiento manifiesto; la existencia de esta clase de mente y de cuerpo es en sí una expresión del sufrimiento del acondicionamiento dominante.

17. Puesto que el dolor y el placer surgen de causas y condiciones, estos sentimientos están sujetos a técnicas que brindan alivio.

18. Entre los dos orígenes del sufrimiento, las acciones contaminadas y las emociones aflictivas, estas últimas (lujuria, odio e ignorancia) son la causa primaria, y entre esas emociones contraproducentes impera la ignorancia porque la lujuria y el odio surgen de la exageración de la condición de un objeto más allá de lo que realmente es.

19. Cuando ves que esta ignorancia puede eliminarse porque carece del sostén de la cognición válida, te decides a controlar tu mente para lograr lo que se conoce como cesación.

20. La presencia de fuerzas opuestas indica posibilidades de cambio; cuando debas contrarrestar algo, identifica primero su fuerza contraria, y cuando aumentes el poder de ésta última, la fuerza de su contraria disminuirá. Ya que las causas del sufrimiento son las emociones aflictivas, contar con actitudes que se le opongan promueve un cambio saludable.

21. Entre los caminos que conducen a la libertad el principal es la comprensión directa de la inidentidad (la vacuidad de la existencia intrínseca) porque ésta tiene el poder de servir como un verdadero antídoto a la causa del sufrimiento. Este adiestramiento especial en la sabiduría exige una meditación concentrada, que a su vez depende del

adiestramiento en la moralidad. Por tanto, la atenuación del sufrimiento depende de tres adiestramientos: moralidad, meditación concentrada y sabiduría.

Las implicaciones de la impermanencia

Reflexiona sobre esto:

1. Las cosas creadas por causas cambian constantemente.

2. Las causas de los fenómenos mismos les hacen tener una naturaleza de desintegración desde el principio.

3. Los fenómenos impermanentes están totalmente bajo la influencia de las causas y condiciones que los producen.

4. Nuestro complejo mente-cuerpo actual no funciona conforme a su propia fuerza, sino bajo la influencia de causas pasadas, específicamente la ignorancia. Esto indica que está sujeta al dominio del sufrimiento.

5. Que nuestro complejo mente-cuerpo parece existir como dependiente de su propia fuerza, sin que resalte el conflicto entre su apariencia y la realidad.

6. La sabiduría propone que los fenómenos que percibimos carecen del carácter en que parecen existir; ésta es la manera en que podemos contrarrestar los errores que se cometen gracias a la perspectiva ignorante de que los fenómenos existen independientemente.

7. El minucioso desarrollo de la sabiduría produce la paz de trascender el sufrimiento, o nirvana.

NIVEL SUPERIOR DE LA PRÁCTICA

El altruismo

Reflexiona:

1. Nos gustan las biografías motivadas por el altruismo, mientras el oír acerca de las vidas de aquellos cuyas acciones se derivan de un deseo de agredir a otros nos evoca temor y aprensión.

2. Una hermosa actitud interna es más importante que la belleza externa.

3. Sólo tú puedes embellecer tu mente.

4. Empeñarte en lograr el bienestar de otros realiza a la larga tu propio bienestar.

5. Lo que debe frenarse no es tu interés en tu propio desarrollo sino el auto-halago en el cual el foco de tu atención está casi exclusivamente centrado en ti mismo.

6. La lujuria fracasa en atraer lo que nos es favorable, porque su esencia está viciada y es, por tanto estúpida. En la lujuria lo que parece ser afecto por otro está prejuiciado, lo cual permite que el odio penetre aprovechando la más ligera interferencia.

7. El altruismo es sumamente eficaz en la reunión de factores beneficiosos porque es acorde con la naturaleza de la interdependencia, que se encuentra en el alma de la interacción social.

8. La verdadera felicidad y libertad del sufrimiento pueden comprenderse tan sólo desde una amplia perspectiva; no pueden verse desde una perspectiva estrecha.

9. Con la lujuria y el odio, tu perspectiva es necesariamente muy estrecha. Al concentrarte en un factor particular entre los muchos que dan lugar a un problema, le cierras la puerta a la tolerancia.

10. Las emociones aflictivas exigen un objetivo aparentemente real y autónomo.

11. Cuanto más amplia es tu perspectiva, tanto mayor es la posibilidad de construir algo positivo o de deshacer algo negativo.

12. Concentrarte solamente en ti es el problema; interesarte por los demás es la solución.

13. Entender la interdependencia es relevante en innumerables campos porque ofrece una perspectiva abarcadora. El altruismo es la puerta para abrirse a ese amplio paisaje.

14. Cuando sólo te interesas en el «yo», esto naturalmente conduce al temor y la ansiedad, dando lugar a más inseguridad aún y desequilibrando el cuerpo.

15. El mundo puede ser transformado si cada uno de nosotros cambia de actitud; este cambio se propagará de una persona a otra.

16. El modo de ascender a un nivel elevado de práctica espiritual es desarrollar el altruismo hasta el punto donde buscar la iluminación a fin de servir a otros más efectivamente

se convierte en tu motivación interna y espontánea de todo lo que haces.

Para engendrar la gran compasión

PASO FUNDACIONAL:
LIBERAR TUS RELACIONES DE PREJUICIOS

1. Imagina a un amigo, a un enemigo y a una persona neutral de pie ante ti.

2. Con una parte de tu mente considera tus actitudes hacia tu enemigo, tu amigo y la persona neutral.

3. ¿Parece ser tu enemigo completamente desagradable, habiéndote perjudicado a ti y a tus amigos en esta vida?

4. ¿Parece ser tu amigo completamente atractivo, habiéndote ayudado a ti y a tus íntimos en esta vida?

5. ¿No parece ser la persona neutral ninguna de estas dos?

6. Reflexiona que en el transcurso de muchas vidas e incluso dentro de la vida presente no hay certeza en absoluto de que un enemigo siga siendo un enemigo, un amigo siga siendo un amigo, o que una persona neutral permanezca neutral.

7. Decide que, por tanto, no es correcto clasificar sólo a un grupo por la intimidad, a otro por la indiferencia y a otro por la alienación.

8. Piensa que todos los seres son iguales, que quieren, al igual que tú, la felicidad y no el sufrimiento.

Reflexionando sobre esto eliminarás los prejuicios.

PRIMER PASO:
ENCONTRAR A TODO EL MUNDO AMABLE

Reflexiona:

1. Ya que resulta claro que la conciencia tiene que producirse a partir de una causa de tipo familiar, el flujo continuo de tu mente tiene que carecer de principio.

2. Ya que ves que el flujo continuo de tu mente no tiene principio, la persona que está fundada en la dependencia sobre el flujo continuo de la conciencia tampoco podría tener principio.

3. Puesto que la persona, o el «yo» no tiene ningún principio, debes haber renacido una y otra vez.

4. Por consiguiente, no se ha dicho nada de que en la existencia cíclica del nacimiento y la muerte no te toque renacer en algún lugar en particular o con cualquier tipo particular de cuerpo.

5. Los cuerpos asumidos en esos nacimientos deben haber sido de varios tipos, incluidos los vivíparos (que nacen del vientre de su madre, humana o animal) y ovíparos o nacidos de un huevo (las aves y otros animales por el estilo).

6. La mayoría de los vivíparos y los ovíparos necesitan de alguien que alimente y cuide al recién nacido.

7. Por consiguiente, no hay nada dicho de que algún ser en particular no te haya cuidado en el pasado o no lo vaya a hacer en el futuro.

8. En ese sentido fundamental, todo el mundo es cercano a ti, íntimo.

SEGUNDO PASO:
ESTAR CONSCIENTE DE CÓMO TODOS AYUDARON

1. Recuerda las muchas maneras, ya sean animales o humanos, en que una madre u otro cuidador atiende a una criatura pequeña.

2. Ten en cuenta la manera en que una criatura pequeña, nazca como animal o humano, pone sus esperanzas en el que la cuida y genera afecto hacia aquel que la cuida.

3. Reflexiona sobre esta situación hasta que el sentimiento se despierte en ti.

4. Al darte cuenta de que en algún momento, en el transcurso de vidas incontables, tus amigos te han cuidado de este modo, reconoce su bondad.

5. Al darte cuenta de que en algún momento, en el transcurso de vidas incontables, personas neutrales te han cuidado de este modo, reconoce su bondad.

6. Al darte cuenta de que en algún momento, en el transcurso de vidas incontables, tus enemigos te han cuidado de este modo, reconoce su bondad.

De esta manera irás entendiendo gradualmente la íntima bondad que todos los seres te han mostrado.

Tercer paso:
Reciprocar la bondad de otros

Reflexiona:

1. Todos los seres sensibles maternales que te han mantenido generosamente en el transcurso de tus vidas están sujetos a dolor físico y mental.

2. Así mismo, están agobiados por haber cometido acciones que les acarrearán sufrimientos en el futuro.

3. Además, en el presente se encaminan a cometer acciones que darán lugar a más dolor.

4. Sería vulgar no reciprocarles su bondad.

5. La mejor reciprocidad sería ayudarles a alcanzar una paz estable y duradera en la dicha de la liberación de la existencia cíclica y la plena perfección mental y física de la budeidad.

6. Imagina:

   Tu madre está loca, ciega, desorientada, tropezando a cada paso que da según se acerca a un precipicio. Si no puede esperar ayuda de su hijo, ¿en quién podría confiar? Si su hijo no asume la responsabilidad de liberarla de este terror, ¿quién la asumiría? Su hijo debe liberarla. De la misma manera, la locura de las emociones aflictivas perturba la paz mental de esos seres vivos que te han cuidado. Al no tener ningún control sobre sus mentes, han enloquecido; les faltan ojos para ver el camino a un favorable renacer y a la bondad definitiva de la liberación y la omnisciencia. No tienen ningún maestro de veras, un guía para ciegos. Tropiezan a partir de sus acciones erróneas que los incapacitan a cada momento. Cuando estos seres maternales ven el borde del precipicio de la existencia cíclica en general y los dominios de la miseria en particular, ponen naturalmente la esperanza en sus hijos, y sus hijos naturalmente tienen una responsabilidad de librar a sus madres de esta situación.

Con esto en mente, adiéstrate en la intención de reciprocar la bondad de tus infinitas madres ayudándolas a lograr liberarse del sufrimiento y la limitación.

CUARTO PASO: CULTIVAR EL AMOR

1. Imagina que tu mejor amigo está frente a ti y medita en cada una de las tres potencias del amor hasta que lo sientas profundamente:

   — Esta persona anhela la felicidad pero carece de ella. *¡Cuán grato sería* si ella o él pudieran imbuirse de la felicidad y de todas sus causas!

   — Esta persona anhela la felicidad pero carece de ella. *Que* él o ella sean imbuidos de la felicidad y de todas sus causas.

— Esta persona anhela la felicidad pero carece de ella.
¡Haré todo lo que pueda por ayudarla, o ayudarlo, a estar imbuido de la felicidad y de todas sus causas!

2. Extiende esta meditación a más amigos, uno por uno.

3. Imagina que una persona neutral está frente a ti y medita
en cada una de las tres potencias del amor hasta que lo
sientas profundamente:

— Esta persona anhela la felicidad pero carece de ella.
¡Cuán grato sería si ella o él pudieran imbuirse de la felicidad y de todas sus causas!

— Esta persona anhela la felicidad pero carece de ella.
Que él o ella sean imbuidos de la felicidad y de todas sus
causas.

— Esta persona anhela la felicidad pero carece de ella.
¡Haré todo lo que pueda por ayudarla, o ayudarlo, a estar imbuido de la felicidad y de todas sus causas!

4. Extiende esta meditación a más personas neutrales, una
por una.

5. Imagina que el último de tus enemigos está frente a ti y
medita en cada una de las tres potencias del amor hasta
que lo sientas profundamente:

— Esta persona anhela la felicidad pero carece de ella.
¡Cuán grato sería si ella o él pudieran imbuirse de la felicidad y de todas sus causas!

— Esta persona anhela la felicidad pero carece de ella.

Que él o ella sean imbuidos de la felicidad y de todas sus causas.

— Esta persona anhela la felicidad pero carece de ella. ¡*Haré todo lo que pueda* por ayudarla, o ayudarlo, a estar imbuido de la felicidad y de todas sus causas!

6. Extiende esta meditación a más enemigos, uno por uno.

Cuando veas en las noticias o leas en el periódico acerca de seres que se encuentran en situaciones pavorosas, tales como hambrunas, inundaciones y extrema pobreza, considera:

1. Todos estos seres son iguales a mí en anhelar la felicidad y en tener el derecho a alcanzarla, pero debido a circunstancias externas e internas se encuentran en atroces apuros.

2. Piensa «¡Qué horrible situación! ¡Ojalá alcancen la felicidad!»

QUINTO PASO: LA COMPASIÓN

Al igual que con el amor, la compasión ha de cultivarse primero hacia tus amigos, luego hacia los seres neutrales y finalmente hacia los enemigos. Medita en cada una de las tres crecientes potencias de la compasión hasta que la sientas profundamente.

1. Imagina a tu mejor amigo delante de ti y medita lo siguiente:

— Esta persona quiere la felicidad y no el sufrimiento y, sin embargo, está afligida por un dolor físico y mental obvio, por el dolor del cambio y por el dolor del acondicionamiento dominante. *¡Qué bueno sería* si él o ella pudieran liberarse del sufrimiento y de las causas del sufrimiento!

— Esta persona quiere la felicidad y no el sufrimiento y, sin embargo, está afligida por un dolor físico y mental obvio, por el dolor del cambio y por el dolor del acondicionamiento dominante. ¡*Que* él o ella se libre del sufrimiento y de las causas del sufrimiento!

— Esta persona quiere la felicidad y no el sufrimiento y, sin embargo, está afligida por un dolor físico y mental obvio, por el dolor del cambio y por el dolor del acondicionamiento dominante *¡Haré todo lo que pueda* para ayudarlo o ayudarla a liberarse del sufrimiento y de las causas del sufrimiento!

2. Extiende esta meditación a más amigos, uno a uno.

3. Imagina a una persona neutral delante de ti y medita en cada una de las tres potencias de la compasión hasta que la sientas profundamente.

4. Extiende esta meditación a más personas neutrales, una a una.

5. Imagínate al último de tus enemigos delante de ti y medita en cada una de las tres potencias de la compasión hasta que la sientas profundamente.

6. Extiende esta meditación a más enemigos, uno a uno.

Sexto paso: Compromiso total

Para alcanzar esta suprema voluntad altruista:

1. Recuerda una y otra vez el significado de esta estrofa de la *Guía para el modo de vida del bodisatva*:

> El espacio persiste y hay seres que transmigran.
>
> Que yo persevere en aliviar los sufrimientos de los seres sensibles.

2. Acuérdate de dedicar todas tus actividades virtuosas y los karmas benéficos establecidos en tu flujo mental al beneficio de todos los seres sensibles.

3. Resuelve:

> Aun si tengo que hacerlo solo, liberaré a todos los seres sensibles del sufrimiento y de las causas del sufrimiento, y relaciona a todos los seres sensibles con la felicidad y sus causas.

Según te vayas familiarizando gradualmente con estas contemplaciones, percibirás su impacto.

Séptimo paso: Aspirar a la iluminación

1. Analiza si en el presente tienes la capacidad de ayudar a otros a llegar a alcanzar la felicidad y a liberarse del sufrimiento.

2. Piensa que además de proporcionar ayuda temporal, es necesario educar a los seres de manera que ellos mismos puedan llegar a ser iluminados.

3. Extrae la conclusión de que debes lograr la iluminación a fin de eliminar los obstáculos para conocer los intereses y disposiciones de los demás, y para saber cuáles son las técnicas necesarias para ayudarlos.

4. Resuelve alcanzar la iluminación a fin de ayudar a otros a plenitud.

Intercambiar el yo y el otro

1. Tome esta idea a pecho:

> Todos los seres sensibles son esencialmente semejantes a mí en anhelar la felicidad y no querer sufrir. Todos nosotros queremos la felicidad y queremos librarnos del sufrimiento. Por tanto, ¿cómo podría ser justo sentir lujuria por alguien y odio hacia otros? ¡Debería ayudar a lograr la felicidad para todos!

Luego reflexiona sobre esto:

> Todos los seres sensibles anhelan exclusivamente la verdadera felicidad, pero no la poseen. No importa a quién pudieras considerar en los dominios de la existencia cíclica, todos están sometidos al sufrimiento del condicionamiento dominante. Dado esto, ¡a quién podría considerar íntimo! ¡A quién podría considerar distante!

2. Imagina a diez mendigos, los cuales son igualmente menesterosos, y piensa cuán infundado es tener buenos sentimientos hacia algunos de ellos y no hacia los otros.

3. Imagínate a diez personas que están igualmente enfermas; ¿cómo podrías acercarte a algunas de ellas y distanciarte de otras?

Cómo todo el mundo te ha ayudado

4. Reflexiona en cómo todo el mundo te ha ayudado. Todos los seres sensibles, directa o indirectamente, te han provisto de servicios que te han beneficiado; independiente de su motivación o de que hayan sido amables contigo.

5. Todas las comodidades de esta vida dependen de otros seres sensibles. Reflexiona en detalle sobre cómo tu comida, tu ropa, tu casa, tu amistad, reputación y posesiones te llegan, todas ellas, por medio de otros seres sensibles.

6. Tu vida humana actual depende de acciones morales realizadas en vidas anteriores en relación con otros.

7. La longevidad, la salud, el estar dotado de recursos, el discurso encomiable y la fuerza provienen de acciones morales en vidas anteriores.

8. El alcanzar una buena vida futura se basa en acciones morales a favor de los seres sensibles.

9. La moralidad se basa en el principio de que no debemos perjudicar a otros, de manera que otros seres sensibles son esenciales; sin ellos no podemos realizar las acciones virtuosas que los libran de perjuicio. La virtud de abstenerse de matar requiere la existencia de otros seres, como también la de abstenerse de robar o de tener una conducta sexual indebida, y la mayoría de otras virtu-

des. Sin otros seres sensibles, estas virtudes no podrían practicarse.

10. Puesto que la moralidad es el fundamento mismo de la meditación concentrada y la sabiduría, aun la liberación de la existencia cíclica se le debe a los seres sensibles.

11. El alcanzar la budeidad depende de los otros, puesto que las prácticas distintivas para lograr ese estado son el amor, la compasión y la intención altruista para llegar a ser iluminado, que provienen de reconocer a los seres sufrientes y sentirse movido desde lo profundo del corazón a llevarles ayuda y felicidad. De aquí por qué debemos respetarlos tanto como respetamos al Buda.

12. Los enemigos son particularmente valiosos para cultivar el amor y la compasión porque la ira destruye el amor y la compasión, y el antídoto para la ira es la paciencia, que puede practicarse sólo hacia alguien que te agrede. Puesto que los enemigos te proporcionan una valiosa oportunidad de practicar tal contención y tolerancia, son muy valiosos, incluso amables.

13. A diferencia de un médico que te causa dolor para ayudarte, un enemigo te agrede intencionalmente; éste es el modo en que un enemigo te proporciona una oportunidad de cultivar la paciencia.

NO HAY NINGUNA BUENA RAZÓN PARA SER EGOCÉNTRICO

14. No existe ninguna razón convincente para considerar que sólo tú vales la pena y descuidar a todos los demás. Tanto

tú como los otros están igualmente sujetos a la existencia cíclica con la carga de un sistema psíquico-corporal impelido por emociones aflictivas y el karma.

15. Tanto tú como los otros se enfrentan a la impermanencia inminente y la muerte.

16. Imagínate a diez reos que van a ser ejecutados por el mismo delito; no tiene sentido que uno entre ellos se apegue a ciertos reos y se enoje con otros. La única conducta sensata es ser amable y paciente los unos con los otros; sería tonto discutir, haciendo distinciones entre «tú» y «yo».

17. Del mismo modo, todos nosotros hemos caído bajo la influencia del sufrimiento, la impermanencia y las emociones aflictivas. Dado que ésta es nuestra situación, ¡de qué sirve presumir de ser gran cosa y considerar a los demás por debajo de ti!

LAS DESVENTAJAS DE LA AUTOCOMPLACENCIA Y LAS VENTAJAS DE COMPLACER A LOS DEMÁS

18. Hasta ahora, la autocomplacencia y su asociada, la ignorancia, se han residenciado en el centro de tu corazón. Pese a arrastrarte a toda clase de acciones que te aportan felicidad, estas actitudes sólo han creado un desorden. Debes ver el egocentrismo como imperfecto desde las profundidades de tu ser.

19. Ahora es el momento de dejar atrás la autocomplacencia y de ocuparte de complacer a otros, de dejar atrás la

ignorancia y de asumir la sabiduría de comprender la inidentidad.

20. Al ocuparse de los demás, el Buda perfeccionó su mente y
su cuerpo, brindándoles a ambos su propio bienestar y el
de otros, logrando perpetua dicha y la mayor capacidad
posible de ayudar a otros. Deberíamos hacer lo mismo.

21. Aunque podría parecer difícil de lograr, con tiempo y esfuerzo sucederá.

Ése es el medio de desarrollar un sentido de igualdad con
otros que te motive a llevar ayuda y felicidad a todo el mundo en
todas partes.

Percepción de la realidad

1. Todos los fenómenos, ya externos o internos, carecen de
esencia verdaderamente establecida, están desprovistos de
existencia intrínseca.

2. No importa lo que tomes en consideración —formas visibles, sonidos, olores, gustos y tactos, ni tu mente que los
observa— entiende que éstas son formas carentes de existencia en sí y por sí mismas; no existen de la manera en que
se muestran.

3. Es necesario erradicar la ignorancia para generar la sabiduría que la contrarresta.

4. Primero se malentiende el complejo mente-cuerpo como
intrínsecamente existente, y esto conduce al concepto

erróneo del «yo» como poseedor de existencia intrínseca. Esto, a su vez, induce a la comisión de acciones erróneas que dan lugar a más renacimientos y más sufrimientos.

5. Basados en el hecho de que nos preocupamos fundamentalmente con (1) la persona, o el «yo», que actúa, acumula karma y, como resultado, experimenta placer y dolor, y (2) los fenómenos que se experimentan, podemos distinguir dos clases de ignorancia: la que cree que las personas existen intrínsecamente y otra que ve todos los otros fenómenos como intrínsecamente existentes.

6. En verdad, las personas existen pero sin existencia intrínseca, llamada la inidentidad de las personas; cuando se llega a otros fenómenos tales como los ojos, los oídos, el cuerpo, la mente, la montaña y otras cosas por el estilo, esto se llama la inidentidad de los fenómenos. Estas dos vacuidades son igualmente sutiles.

7. Es necesario diferenciar entre la apariencia que tienen para nosotros los fenómenos y cómo existen realmente.

8. Las personas y otros fenómenos dependen realmente del pensamiento, pero cuando interactuamos con ellos percibimos que algo allí en sí y por sí, independientemente de lo que se piense, que posee todas sus debidas capacidades en sí mismo.

9. Si realmente estuviera allí por derecho propio como parece ser, entonces, en la medida en que lo analizas, debería hacerse cada vez más claro, pero eso no sucede; no puedes

encontrar nada que exista de manera tan sólida. Cuando hurgas bastante profundamente en su ser, no te queda nada finalmente para señalar qué es el objeto.

10. Incluso en un sentido de percepción, los fenómenos parecen falsamente concretos debido a errores de nuestra mente y, debido a esta falsa apariencia, somos automáticamente llevados a concebir que los fenómenos existen por derecho propio, igual que si le diéramos crédito a las falsas apariencias de los sueños. Se toma una apariencia infundada por cierta, y luego le añadimos muchos otros atributos mediante un pensamiento inadecuado y contraproducente, dando lugar a un caos de emociones aflictivas.

11. Debido a este conflicto entre apariencia y realidad, la escuela de la vía media habla de entidades que son útiles, agresivas, y así sucesivamente, a las que llama «verdades convencionales»; luego habla de la realidad que transciende las apariencias, la cual es la «verdad suprema». En un objeto, tal como nuestro cuerpo, su apariencia puede hallarse mediante la cognición convencional válida, y su modo de ser puede hallarse mediante el análisis final.

12. La ignorancia innata le presta atención a cualquier objeto, persona o cualquier otro fenómeno, y acepta su apariencia como intrínsecamente existente, existente por medio de su propio carácter, existente como su propia realidad,

existente como su propio modo de ser, realmente existente, finalmente existente, existente sin ningún conflicto entre como aparece y como realmente es.

13. Cuando a través del análisis meditativo te das cuenta de la carencia de existencia intrínseca, comprendes que tú y todos los otros fenómenos parecen existir de una manera, pero realmente no existen así. Ves los fenómenos como ilusiones, con una discrepancia entre su apariencia y la verdad real de su existencia.

14. El ver a las personas y las cosas sujetas a este conflicto entre la apariencia y la verdad, como las ilusiones de un mago, evitará que caigas bajo la influencia de emociones destructivas.

15. Para ver los fenómenos como ilusiones es necesario primero analizar si los fenómenos existen realmente de la manera que parecen existir.

El modo de analizar

Reflexiona:

1. Estamos en el centro de todos nuestros conflictos.

2. Por consiguiente, es mejor empeñarse primero en la comprensión de nuestra verdadera naturaleza.

3. Luego de entender esto, puede aplicarse a la mente, el cuerpo, la casa, el auto, el dinero y todos los otros fenómenos.

PRIMER PASO:
CONTROLAR LA IDENTIDAD EN LA QUE
CREES INTENSAMENTE

1. Imagina que alguien te critica por algo que realmente no hiciste, diciendo «estropeaste tal y tal cosa» y señalándote con el dedo.

2. Observa tu reacción. ¿Cómo aparece el «yo» en tu mente?

3. ¿De qué manera lo captas?

4. Nota como ese «yo» parece alzarse por sí mismo, autoinstituido, establecido por su propio carácter.

SEGUNDO PASO: DETERMINAR LAS OPCIONES

1. Analizar que el «yo», que está intrínsecamente autoestablecido en el contexto del complejo mente-cuerpo, podría tener un modo de existir diferente que el de ser parte de la mente y el cuerpo o estar separado de ellos.

2. Decide que si el «yo» existe intrínsecamente como parece, entonces debe estar indisolublemente unido con la mente y el cuerpo o separado de ambos.

TERCER PASO: ANALIZAR LA UNICIDAD

Ten en cuenta las consecuencias de si el «yo» se ha establecido en sí y de por sí *mismo* como mente-cuerpo.

1. El «yo» y la mente-cuerpo tendrían que ser total y completamente una sola entidad.

2. En ese caso, afirmar la existencia separada de un «yo» no tendrí sentido.

3. Sería imposible pensar en «mi cuerpo» o en «mi cabeza» o en «mi mente».

4. Cuando la mente y el cuerpo ya no existan, la identidad tampoco existiría.

5. Puesto que la mente y el cuerpo son plurales, la entidad de una persona también sería plural.

6. Puesto que el «yo» es sólo uno, la mente y el cuerpo también serían uno.

7. Puesto que la mente y el cuerpo se producen y se desintegran, habría que afirmar que el «yo» es intrínsecamente producido e intrínsecamente se desintegra, en cuyo caso tanto los efectos placenteros de las acciones virtuosas como los efectos dolorosos de las acciones no virtuosas no fructificarían para nosotros, ni experimentaríamos los efectos de acciones que nosotros mismos no cometimos.

Cuarto paso: Analizar la diferencia

Ten en cuenta las consecuencias si el «yo» está establecido en sí y por sí mismo, como aparece en nuestras mentes, y si es también intrínsecamente diferente del complejo mente-cuerpo:

1. El «yo» y el complejo mente-cuerpo tendríamos que estar completamente separados.

2. En ese caso, el «yo» podría encontrarse después de que faltara la mente y el cuerpo.

3. El «yo» no tendría las características de ser producido, permanente y sujeto a desintegración, lo cual es absurdo.

4. Absurdamente, el «yo» tendría que ser o un producto de la imaginación o permanente.

5. Absurdamente, el «yo» no tendría ni características físicas ni mentales.

En conclusión

1. Si en el primer paso tienes una percepción bastante clara de cómo el «yo» parece estar autoinstituido y cuán usualmente aceptas las apariencias y actúas a partir de ellas, con el tiempo el análisis revelará que esta percepción del «yo» es infundada.

2. Cuando eso ocurre, se conserva un vívido recuerdo de la ausencia, el vacío de un «yo» intrínsecamente existente, que absorbe el significado del vacío y se concentra en la ausencia del establecimiento intrínseco.

El verte como una ilusión

1. Entonces, deja que una vez más tu apariencia y la de los demás se asome a tu mente.

2. Recuerda el tiempo cuando confundías el reflejo de una persona en un espejo con la persona misma; parecía ser una persona, pero no lo era.

3. Del mismo modo, todas las personas y cosas parecen existir sin depender de causas y condiciones, en sus partes constitutivas, y en el pensamiento, pero no es cierto. Las personas y las cosas sólo existen como ilusiones.

4. Reflexiona sobre el hecho de que, dentro del contexto de la originación dependiente, tú participas en acciones y acumulas karma y experimentas los efectos de esas acciones.

5. Piensa en el hecho de que la apariencia de las personas es viable dentro de la ausencia de la existencia intrínseca.

6. Cuando el ser viable y el vacío te parezcan nociones contradictorias, usa el ejemplo de la imagen de un espejo.

   La imagen de un rostro se produce innegablemente relacionada con un rostro y un espejo, aunque carezca de ojos, oídos y otros rasgos por el estilo que parece poseer, y la imagen de un rostro innegablemente desaparece cuando falta el rostro o el espejo. De manera semejante, aunque una persona no tenga incluso ni siquiera una pizca de realidad intrínseca, no es contradictorio que realice acciones, acumule karma, experimente efectos y nazca en dependencia del karma y las emociones destructivas.

7. Intenta ver la falta de contradicción entre ser viable y la vacuidad con respecto a todas las personas y cosas.

La budeidad

Reflexiona:

1. Es imposible que el flujo continuo de la conciencia, que tiene una naturaleza de luminosidad y cognición, sea al-

guna vez interrumpido. Cuando la sabiduría socava la ignorancia, no hay ninguna condición que pudiera oponerse a la continuación del pensamiento fundamental.

2. La iluminación es un estado de libertad no sólo de las emociones contraproducentes que impelen la existencia cíclica, sino también de las predisposiciones establecidas en la mente por esas emociones aflictivas.

3. Estas sutiles predisposiciones son fuerzas latentes dentro de la mente que se ocupa de eso, previo a la budeidad, siempre que los fenómenos convencionales vienen a la mente, la suprema verdad no se manifiesta y siempre que la suprema verdad se manifiesta en tu mente, los fenómenos convencionales no pueden aparecer.

4. Esta necesidad de alternancia se llama «la corrupción de comprender las dos verdades como si fueran entidades diferentes». Debido a esta limitación estás obligado a cambiar entre la comprensión directa de la realidad profunda y el prestarle atención a los fenómenos cotidianos, pero cuando esta corrupción se extingue, una sola conciencia puede entender los fenómenos convencionales al tiempo que también comprende la suprema verdad.

5. Es posible, pues, conocer todo simultáneamente, tanto la diversidad de los fenómenos como su modo más profundo de ser, la vacuidad. En esto consiste la omnisciencia, una «gran iluminación» de Buda, la cual consiste en la purifi-

cación de los orígenes de todos los problemas y la plena comprensión de todo lo que podemos saber.

6. Este estado colma tu capacidad para efectuar tanto tu propio desarrollo como el de otros. Has vencido todos los problemas y has logrado comprender todo lo cognoscible, lo cual significa que puedes llevar a cabo de manera espontánea el bienestar de otros.

7. En la budeidad logras alcanzar los cuatro cuerpos de Buda:

- Desde el tiempo sin principio, tu mente ha carecido de existencia intrínseca, y ahora que tu mente está purificada de todas las corrupciones, la misma vacuidad se llama un *cuerpo de la naturaleza* de Buda.

- Tu mente, que antes apenas contenía las *simientes* de las cualidades de la budeidad, ahora es un *cuerpo de la sabiduría* de Buda.

- Incluso en la vida ordinaria, una mente muy perspicaz y la energía que la mueve constituyen una sola entidad, y ahora en el estado puro de haber llegado al final del camino, este hecho fundamental te permite manifestarte, de incontables maneras, en las debidas formas para ayudar a otros. Entre estas formas se cuenta el *cuerpo del completo gozo,* que, conforme a plegarias anteriores, sigue existiendo mientras exista el espacio dedicado a aliviar el sufrimiento a través de continuas actividades altruistas para los practicantes del nivel superior.

- El cuerpo del completo gozo, a su vez, aparece en mundos incontables en varios *cuerpos emanaciones*, en conformidad con las disposiciones e interés de los seres sensibles cuando el tiempo madura; también aparece en momentos oportunos a través de la historia como un «cuerpo de emanación suprema», para enseñar la senda de la iluminación (Buda Sakiamuni fue ese ser).

Lecturas escogidas

S.S. el Dalai Lama, Tenzin Gyatso. *How to Expand Love: Widening the Circle of Loving Relationships*. Traducido al inglés y editado por Jeffrey Hopkins. Nueva York: Atria Books/Simon and Schuster, 2005.

——. *How to Practice: The Way to a Meaningful Life*. Traducido al inglés y editado por Jeffrey Hopkins. Nueva York: Atria Books/Simon and Schuster, 2002.

——. *How to See Yourself as You Really Are*. Traducido al inglés y editado por Jeffrey Hopkins. Nueva York: Atria Books/Simon and Schuster, 2006.

——. *Kindness, Clarity, and Insight*. Traducido al inglés y editado por Jeffrey Hopkins; coeditado por Elizabeth Napper. Ithaca, N.Y.: Snow Lion, 1984; edicion revisada, 2006.

——. *Mind of Clear Light: Advice on Living Well and Dying Consciously.* Traducido al inglés y editado por Jeffrey Hopkins. Nueva York: Atria Books/Simon & Schuster, 2002.

Hopkins, Jeffrey. *Nagarjuna's Precious Garland: Buddhist Advice for Living and Liberation.* Ithaca, Nueva York: Snow Lion, 1998.

——. *Songkapa's Final Exposition of Wisdom.* Ithaca, Nueva York: Snow Lion, 2008.

——. *A Truthful Heart: Buddhist Practices for Connecting with Others.* Ithaca: Snow Lion, 2008.

Jordhen, Geshe Lobsang, Lobsang Choephel Ganchenpa y Jeremy Russell. *Stages of Meditation.* Ithaca, N.Y.: Snow Lion, 2001.

Rinchen, Geshe Sonam y Ruth Sonam. *Yogic Deeds of Bodhisattvas: Gyel-tsap on Aryadeva's Four Hundred.* Ithaca, N.Y.: Snow Lion, 1994.

Sherbourne, Richard, S.J. *A Lamp for the Path and Commentary.* London: Allen and Unwin, 1983.

Sonam, Ruth. *Atisha's Lamp for the Path: An Oral Teaching by Geshe Sonam Rinchen.* Ithaca, N.Y.: Snow Lion, 1997

Sopa, Geshe Lhundup, Elvin W. Jones, y John Newman. *The Stages of Meditation: Bhavanakrama II.* Madison, Wisconsin: Deer Park, 1998.

Tsongkhapa, *The Great Treatise on the Stages of the Path to Enlightenment,* 3 vols. Joshua W. C. Cutler, editor in chief, Guy Newland, editor. Ithaca, N.Y.: Snow Lion, 2000–2004.

Wallace, Vesna A., and B. Alan Wallace. *A Guide to the Bodhisattva Way of Life.* Ithaca, N.Y.: Snow Lion, 1997.